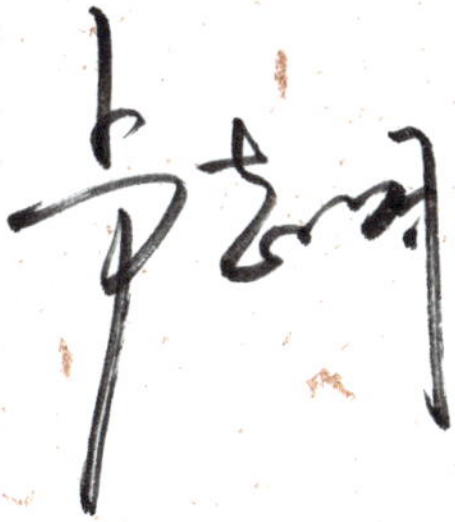

从HRBP走向HRD

HR如何像CEO一样思考？

卢志明 著

中国法制出版社
CHINA LEGAL PUBLISHING HOUSE

前言

2000年，全国全面取消了大学生就业分配，改为大学生自己找工作就业。市场化就业刚刚开始生根发芽。这年冬天，还在读大学的我接到了一家航空公司人力资源（Human Resources，HR）部的电话通知我去公司HR部门实习。春节刚过，我便坐了飞机从阴冷的武汉去了温暖的海南。刚进人力资源部时，我对HR工作一无所知，有点无从下手。我的领导也特别忙，没时间辅导我，就扔给我一本16开近800页的HR经典巨作——加里·德斯勒（Gary Dessler）的《人力资源管理》让我先学习再上岗。我花了一个月把这本书看完，开始了人力资源职业旅程。

当年国内除了北上广等城市的部分外企，绝大部分中国公司对人力资源的理解还停留在“史前”水平。很多公司的人事部跟办公室、行政部等部门合在一起。HR部门的主要工作是做工资、社保档案和入离调转等日常事务。幸运的是我所在的航空公司老板有前瞻性，很早就从通用电气（GE）引进了企业管理体系。要知道GE在当年如日中天，地位比现在的苹果公司还牛气。GE的

CEO（首席执行官）杰克·韦尔奇（Jack Welch）是世界管理界的教父，全世界包括中国以学习 GE 为荣。航空公司引进了 GE 的六西格玛（6Sigma）卓越管理体系，借以优化和重塑公司的业务流程。GE 从美国、新加坡抽调了一支庞大的 6Sigma 顾问专家团队进驻公司，帮助公司做全面质量管理和业务流程优化并帮助公司培养 6Sigma 的项目领军人才。项目进行了近两年的时间，6Sigma 卓越管理体系在公司全面落地，迅速拉近了公司与国际一流管理水平的差距，逐渐从盲目拍脑袋的粗放管理模式走向基于数据和事实的科学管理模式。

公司的 HR 架构也做了第一次改组升级。当时公司人员规模为 5000 多人，分布在国内几个沿海城市。为适应业务需要，公司的 HR 架构调整为：

- 招聘中心（社会招聘、校园招聘、飞行员和乘务员专才招聘、人才测评等）；
- 人力资源开发中心［类似 OD（组织发展）/ TD（人才发展）］；
- 培训学院（企业大学）；
- 二级人事［初级 HRBP（人力资源业务伙伴）］；
- 员工服务中心（社保档案、员工关系与企业文化）；
- eHR（电子化人力资源管理系统）；
- 秘书处。

其中招聘中心、人力资源开发中心及培训学院扮演了后来的 COE（人力资源专家中心）的角色，负责提供 HR 战略及项目工具。二级人事作为 HR 与业务部门的桥梁，负责协调 HR 政策与业务部门的前端实际需求。而其他几个中心专注于基础人事服务。第一次升级很成功。HR 由原来的机关部门转变为人力资源价值增值的发动机。HR 为员工铺就了一条职业通道，提供了职业生涯的成长辅导和丰富的激励机制。机制的转变带来了人才的极大增值，有力促进了公司业务的跨越式增长。

2002 年，公司业务扩张到全球市场，人员规模迅速扩大。业务部门对 HR 的需求也变得更加复杂多样。但是，因办公地点分散加上缺乏有效的沟通工具（要知道当年国际长途都十分昂贵），业务部门与 HR 的沟通在二级人事这里遇到瓶颈。因为定位为初级 HRBP 的二级人事专业性比较薄弱，只能起到连接业务部门和 HR 基本信息、传递业务部门需求的作用，很难为业务部门提供及时且专业的解决方案。为有效解决这个问题，HR 架构进行了第二次升级。二级人事定位调整，部门赋予二级人事更大的权限和资源去处理业务前端需求，而招聘中心和人才发展等职能中心与二级人事组成协作团队与各业务前端沟通，一起为前端业务提供一揽子解决方案。同时将分散在各业务部门的人事基础服务整合到集团员工服务中心，通过一个接口一套服务为业务前端的所有员工提供支持。

当年，HR 管理大师戴维·尤里奇（Dave Ulrich）创立的 HR 三支柱理论——将 HR 角色分为 COE（人力资源专家中心）、HRBP（人力资源业务伙伴）和 SSC（人力资源平台部）已在国内零星传播。基于三支柱理论的 HR 架构也基本由这三部分职能组成，俗称三支柱架构。很多企业也开始改革，构建三支柱架构。应该说，HR 从职能式架构走向三支柱架构，对于业务部门来说客户体验有了飞跃提升。举个最简单的例子，如果我们把业务部门找 HR 解决问题比作去医院看病的话，原来一个业务部门要为几位下属“看病”，要先分别挂几个科室的号，再去各个科室问诊，在医院的楼上楼下奔波进行各项检查、化验、复诊，到最后又楼上楼下奔波去缴费取药，身心备受摧残。而现在 HRBP 如同全科医疗顾问坐在你面前，帮你一站式处理预约、挂号、问诊、化验、缴费和报销一系列问题，让你享受 VIP 待遇，专属私人医生还将为你量身定制各项个性化方案并未雨绸缪地为你制订健康计划。这种超出预期的颠覆式体验让业务部门纷纷对 HR 竖起大拇指，因此三支柱架构很快就流行起来。但是早期各公司并没有真正把 HRBP 定位为战略角色，HR 的决策依然在后端。HR 的资源流、信息流都不能从业务中来到业务中去，HRBP 依然不能真正与业务部门一起制定战略、提供策略。这个时期的三支柱架构做到了形似而神不似，市场期待真正的三支柱架构的成功实施案例。

两年后，我进入互联网行业，从 HRBP 做起，亲身经历了一个真正的三支柱理论转型落地所遇到的种种困难。举个例子，HR 要想帮业务部门解决问题，HRBP 本身要拥有很强的专业能力、综合素质及人际能力，因此当时的决策就是对 HRBP 团队进行升级和补充换血，通过招聘引进的都是有多模块经验的综合性 HR 人才。另外 HRBP 要取得业务部门的信任，就需要真正走向业务部门，理解业务部门，并能真正帮助业务部门解决问题。当时 HR

部门就要求 HRBP 驻扎在业务部门，负责销售的 HRBP 要跟销售去跑一趟客户，负责内容的 HRBP 要跟着编辑去值一次早中晚班，所有 HRBP 都要理解公司和部门业务的核心逻辑及关键流程。此外，业务要解决的通常都是复杂问题，因此需要 HRBP 与 COE 的专家团队紧密协作。中间也走了很多弯路，最后部门引进了市场专业人才和外部咨询公司供应商团队，大家一起提供专业的一揽子解决方案。同时公司还组建了统一的 SSC 中心为员工提供一个界面、一个窗口的服务，并更新了 HR 线上系统。在这一过程中，各个团队纷争不断，但是最后又走到一起，互相协作、互相补位，慢慢地让三支柱架构跟公司业务紧密有机地绑在一起。

到了 2008 年左右，三支柱架构在国内分出了两种模式。一种是 COE 主导型。HRBP 演变为 COE 的抓手和执行者。比如，一些总部强控型的集团公司。而另一种是 HRBP 主导型。HRBP 主导了 HR 在业务部门的价值和贡献，COE 和 SSC 成为 HRBP 的辅助和工具。比如，一些快速变化的互联网公司。这两种模式跟当初设计三支柱架构时强调战略平衡的初衷相左。但是这两种模式又都是在自由竞争中自然形成的，应该代表了各公司在业务发展中的真实需要。这让大家有一些争论，感到迷惑。理论上三支柱架构是一个最稳定的三角形，不应该是一个平衡的架构吗？为什么走向市场后变了形？不同的公司也开始探索，这其中就出现了很多混合型的架构。比如，在集团是职能式的架构，但是在子公司是三支柱架构，或者相反。当时我服务的互联网公司开始走向集团化，业务走向 BG（事业群）集群化，HR 架构和 HRBP 定位也在这两条道路之中曲折蜿蜒，一直在摸索中优化。

2010 年左右，国内开始走向战略 HR 架构。除了正常的 HR 职能外，HR 战略被单独强调。比如，HR 部门内开始出现专门的组织部或者干部管理部门，这个部门专注于管理层的专项培养，包括价值观和专项知识能力视野的培养以及管理梯队的建设。另外，为做好人才激励，专项的激励职能被单独强调。比如，公司的合伙人计划实施部门成为战略 HR 架构的重要组成。在有的公司，HR 的合规（包括价值观合规和业务合规）职能也得到加强。总而言之，HR 部门要站在公司最高管理层的视角来重新调整自己的重点方向和内部架构。在这个方面很多公司走出了不同的道路，如以价值观引领企业高速增长的阿里巴巴的 HR 模式，HR 在价值观合规、文化塑造和业务把控上起到关键作用。还有以字节跳动为代表的轻干预模式。HR 似乎无形，HR 部门的绝大部分职能主要是完成两件事：找到世界上最优秀的人才以提升人才密度，并让他们在透明、数据结果导向的环境中好好工作。

随着信息化、全球化带来的快速变化的市场环境，以及中国的产业走向中高端，走向复杂产业链下的全球市场，跨业务、跨区域的公司组织形式越来越多。高端人才对业务的成败起到极其关键的作用，因此管理干部的培养、选择任用、淘汰成为 HR 至关重要的职能，一些企业如华为开始尝试将组织和 HR 工作分离。华为专门成立组织部，系统解决干部的管理问题。而 HR 则专注于原来的通用 HR 职能。这个尝试我们暂时无法评判好坏，但是确实是一种勇敢的尝试。

总的说来，从事 HR 近 20 年来，我亲身经历了中国经济产业变化升级的波澜壮阔的一段时期。HR 也从最懵懂的阶段逐步走向成熟并形成了适应中国国情的独特的 HR 模式。我个人感受到的收获是满满的。有句话叫：回归初心。HR 从事的是人的工作，因此我坚信 HR 的一切思考和行动要从人的内心出发，要了解人的本性，知道人性的贪嗔痴，知道人拥有七情六欲，有不同的价值观、世界观、人生观，因此不可能用一套标尺就能把所有的事情解决。但是这其中又不是完全没有规律可循，只要遵循人的初心，理解人性，一切又是可以有解决方案的。

做人事工作既要顺应人性，有时候又要挑战人性。比如，人的本性都希望拥有更多的东西，获得他人的认可，追求真善美，让自己活得更有意义。HR 可做的事情就很多。比如，帮助 CEO 确定自己的企业使命是让全世界的人活得更健康幸福，员工就不会觉得自己的所为毫无意义，也许会让员工愿意成为那个帮助千百万人更健康幸福的英雄，实现自己的价值。再比如，HR 通过股权激励制度、合伙人制度等激励方式，让业绩优秀的员工得到更高的回报，这当然也是顺应人性的最好办法。同时我们也要认识到人性是懒惰的、贪婪的。要鼓励员工学习，如果没有好的方法，就要跟人性的懒惰做斗争。同时人性是贪婪的，如果没有制约的手段，贪婪将会吞噬一切。这方面可举的例子还有很多，后面几章会专门讲这一点。

从实践中来，到实践中去是 HR 工作的基本原则。一切组织文化如同鞋子，合不合适只有脚知道。在生命的每个阶段，造出合适脚的鞋子，让脚与鞋子无缝结合，并最高效地跑到终点，才是我们追求的目标。文化如水，会填充组织的空隙，缓冲大家之间的冲突压力，更会托举组织这艘船，驶向更光明的未来。

From HRBP to HRD:
How does HR
think like CEO?

目录

04 如何把业务搞懂？

05 如何找到和解析问题？

06 如何提供一揽子解决方案？

07 如何让执行完美落地?

08 复盘，实现螺旋式上升

09 人性，一切问题的本源

10 利用人性的特点设计制度

11 无边界,未来的趋势

HRD

01

如何通过CEO的灵魂三问？

在互联网行业，我们经常会遇到这样一些场景。

场景一：公司从某传统大企业找来一位 HRD（人力资源总监）。HRD 来公司后，第一时间将人力资源效能问题提上日程，特别是对人工成本、人均产出都做了详尽的统计和跟踪。为了有效解决“混乱”的薪酬水平差异问题，HR 重新梳理了薪酬结构，限定了各职位薪酬的范围。但之后在招聘人才过程中遇到了挑战。他发现部门要引进的一些产品技术人才，刚毕业七八年，张口就要数百万元的年薪，远超现在公司总监级别的薪酬水平。而一些刚毕业不久的年轻运营或产品人才，因在运营或产品上的小特长，也要求百万元年薪。这远远超出公司的薪酬范围。考虑到内部平衡以及公司规范度，这些人才都被委婉拒绝。

各部门负责人纷纷向老板投诉吐槽，CEO 听完各部门的吐槽后，对 HRD 也产生了看法。而 HRD 则十分委屈，认为自己保证了内部平衡，控制了内部人才流失风险，又节省了成本，规范了体系，无疑是在替老板考虑。同时各部门负责人也会因为成本控制导致利润完成率高而多得奖金。自己为公司和部门负责人办了好事，可是为什么最后反而受这个夹板气呢?

场景二：CEO 要求 HR 引进市场上的尖端人才，拒绝在人才质量上打折，同时也要求 HR 广开通路，不拘一格降人才。为了保证最终的人才质量，HR 制定了严密的流程管控，包括在雇主品牌、人才渠道、简历筛选、面试测评以及入职辅导等方面做了大量工作。HRD 对最终人才招聘工作的自评还不错，但是依然被 CEO 批评内心懒惰。CEO 认为 HR 制定的烦琐流程和苛刻条件让一些潜力很好的人才被拒之门外。比如，公司要招聘一位产品运营主管，但是 HR 撰写的 JD（职位描述）要求候选人至少有本科以上学历，8 年以上运营工作经验，其中 2 年以上百万级日活产品的运营经验。按照 JD 这样的要求去筛选人才不会有什么招聘风险，但是最终一些潜力很不错并且有想法的运营人才被生生挡在门外。尤其是 CEO 注意到公司的运营总监和竞争对手的核心运营领头人都是从实战中出来的，如果他们提前几年来应聘这个运营岗位可能就会被这个筛子给筛下去，公司也就与这些真正的运营天才失之交臂。

更严重的是，HR 为了确保人才到岗合格率，引进了许多职业测评工具和面试评价工具，这些工具帮助 HR 提升了效率。但是由于工具的使用与业务人才要求的不匹配，导致了许多问题，如测评结果明明还不错的人才，实际到岗后却表现不佳，或者 HR 精心挑选的人才不能通过市场的检验，选拔的战士战术素养很好，但是不能打仗。CEO 期待 HR 就像一位医生那样，要能够运用自己的专业医术，尽快帮病人找到病因并药到病除。但是如果医生一顿问诊，又让病人做了诸多检测后，开出的药方却让病人的病情越来越严重，或者将胃溃疡当胃癌来治疗，这都会让 HR 失去业务部门的信任。

场景三：HR 每天忙忙碌碌，加班加点忙于基础事务，每天筛选简历，笔试面试；为员工入离职办理手续，给员工缴纳社保公积金，办理各项证明；为各层级员工举办各种各样的培训课程；统计员工考勤和考核，按时发放工资和奖金……事情很多、很杂，但是最终 CEO 却对 HR 的工作无感，不知道 HR 存在的意义何在。当 CEO 在公司的组织架构设计和人员调配上遇到困难的时候，很难从 HR 身上得到中肯的建设性意见和一揽子解决方案。

类似这样的场景比比皆是。是问题太复杂吗？还是大家的专业出了问题？相信都不全是。我们静下心来总结一下产生这些普遍性场景的原因。

原因之一可能是 HR 对业务的理解不够，因此也无法对业务的核心逻辑作出判断并给出建设性意见。HR 如果不懂业务，就不能识别哪些是优秀干部，也不会判断谁能力更强，只会通过增加流程节点来追求完美。这也是为什么越来越多的公司开始让业务部门的人转来做 HR。来自业务部门的优秀人才更懂业务，更懂业务运营过程中的痛点何在，困难在哪儿，以及采用什么合理的方法解决面临的问题。他们也深刻理解业务部门员工内心的真实想法，因此能更好地将 HR 的行动与商业回报紧密联系在一起。

原因之二可能是 HR 未能从客户和生产效率的角度去考虑问题，更多的是从自己的角度出发去考虑问题。当然这里从自己的角度出发不代表 HR 的初心有问题，HR 本意还是在为公司的利益考虑，只是出发点不一样。HR 考虑更多的是风险防范、规范性等更长远的问题。而业务部门遇到的很多问题都是眼前亟须解决的，是要不要“活下去”的问题。如果这两者不能很好地进行统一综合考量，HR 必然要遇到来自业务部门的极大挑战。

反过来看，如果 HR 真正理解了业务目标和业务逻辑，同时从组织和人性角度理解了岗位和人才，那么就会像久经沙场的前线政委，当关键战役要开打时，会很清楚部队里有多少大将，有多少小将，也懂得如何动员和组织战士们打好仗、打赢仗。当然站在企业角度，如果你具备了上述能力，那整个业界的人才其实都是你的，否则那些人才并不是你的。HR 只是做基础事务性的工作，而不能帮助业务成功从而体现自己的价值，那离一个优秀的 HR 差距还非常大。

对 HR 来说，除了自己潜心钻研业务和专业之外，如何做到上述要求呢？我觉得最重要的是要搞清楚 CEO 的核心诉求。对于 CEO 来说，有三件事是最重要的。

CEO 对 HR 的灵魂三问

▶ 我的战略大家是否理解？

对 CEO 来说，实现战略成功是根本目的。而战略上首要的问题就是我们的战略方向是否正确，以及我们的人才和团队保障是否及时、合理，我们的战略节奏和时间窗口是否有效，我们的战略执行是否有力、有效，等等。那么如何让公司的战略在制定过程中充分吸收员工的意见，并让员工参与其中？战略制定后如何解析，如何让 CEO 通过各种渠道与各级员工沟通互动？战略如何合理分解到各部门甚至分解到每个员工的行为上？如何让战略目标与工作计划保持一致？如何随时随地监督工作计划的执行效果并修正偏离目标的行为？对计划落地后的效果如何有针对性地给予激励？如此种种的问题都摆在 HR 面前。

而一切问题的解决都需要落实到组织能力和人的能力上，组织与人的工作恰恰是 HR 的本职工作。在实现战略成功的道路上，HR 需要担当起 CEO 的战略伙伴角色，协助 CEO 掌好舵，串联起从战略到最终产出的全流程。站在业务成功的角度上，HR 要真正成为业务伙伴和价值创造者，从而真正为公司带来贡献和价值。

▶ 谁是领头羊？

人才是企业战略和最终产出的灵魂和纽带。当 CEO 确认了企业战略和定位后，HR 需要在人才配置和招募上起到关键作用，找到或者储备能带领业务冲锋的领头羊，高效为其配备有战斗力的团队，提供良好的组织环境和组织氛围。同时，HR 要设计符合人性的激励模式，提供清晰通畅的职业发展道路，为人才发展扫清一切障碍。HR 需要成为所有员工能力提升的支持者和后盾。

没有执行，一切都是空中楼阁。CEO 最常挂在嘴边的话可能就是事情做了没有，做的效果如何。HR 需要关注如何让战略计划合理分解到每一个节点，如何让工作流程变得更高效，如何促进以最优效率产生最优产出。为了让执行变得更高效，需要 HR 在公司内建立简单、务实、高效的文化，需要良好的激励机制去激励每一个行为，需要清晰的信息沟通机制保证信息以极高的效率在内部共享。HR 要成为行政专家、效率专家和高效产出的守护人。

▶ 怎么让员工好好干活？

业务部门在前方打仗，最需要两类支持。一是遇到困难需要后方支持时，后方一定要第一时间迅速反应并有效地给予帮助，要避免因不必要的协调、烦琐的流程、僵化的制度而延误战机。二是打完胜仗之后，能及时得到应有的奖励和表彰。业务部门希望的状态是：我在前方打仗，把后背交给后方，充分信任后方兄弟部门的支持和帮助。大家充分互相信任，目标一致，效率优先，这样业务部门的战斗效率才是最高的。

华为创始人兼 CEO 任正非前几年曾经在华为内部做了一次讲话，讲话中提到：谁来呼唤炮火？要让听得见炮声的人决策。要将指挥所放到听得见炮声的地方。组织的变革以前方的作战单元为中心，后方的平台和职能要及时、准确地满足前方的需求。他以美军特种部队来举例。以前前线炮兵要寻求炮火支持，先得向师部寻求支援，师部层层下达指令，然后开炮。中间的流程环节是非常多的，经常延误战机。而改革后的美军特种部队，前线获得了充分授权。他们一般三人一组，一名信息情报专家，一名火力炸弹专家，一名战斗专家。信息情报专家调动后方的先进卫星侦察敌方的战斗力装备等情况，而火力炸弹专家计算摧毁敌方所需的火力并呼唤后方支援。一旦得到命令，后方即刻出动飞机导弹或者火炮对敌方予以轰炸。改革后的作战效率是非常高的。

因此站在 HR 的角度，需要考虑的是，要以前方业务部门的业务目标为中心，重组后方的资源和流程，要以提升效率为准则来组织内部的服务。同时，HR 还需建立针对性的激励体系，保障前方的业务产出能被及时激励，让将士们打完仗有奖励。

用业务大脑来思考

虽然上文提到要以业务为中心，要以帮助业务取得胜利作为 HR 的目标，但是落到实处就会发现，想真正扭转一个人的思想观念很难。我们一直提倡 HR 要换位思考，要站在 CEO 的角度来看待业务和管理问题。有时候，HR 也要站在业务部门负责人的角度上去看待战斗，还要站在前线员工的角度上考虑他们到底有哪些困难和诉求。但是这对于 HR 来说难度是很大的。

▶ 突破才有机会

业务部门瞄准的对象是客户和用户，主要目标是公司的收入利润和用户增长，解决一切阻碍收入利润或用户增长的困难和问题。业务部门就像前线的战士一样，要考虑的是如何进攻冲锋、如何夺取胜利的问题。从这个意义上讲，业务部门的思维是突破和机会思维，即如何突破眼前的现实条件为客户创造价值从而获得客户和用户的信赖进而带来收益。

而 HR 的思维是管理和风险思维，考虑的是如何在一个现有的体系中保证公司长远发展的稳定，以及如何保证公司的资源利用在全公司范围内整体是最优的（哪怕是理论上的最优）。就如同金融公司里的风控，不是为了挣某一笔钱，而是要把握好公司的长期发展。

HR 如果不懂业务，是无法真正做到换位思考的，还会经常陷入“何不食肉糜”的思考怪圈。这就是为什么我们说 HR 要真正走向一线，要实际体验一线的工作生活。比如，电商公司的 HR 需要去前线当几天快递员给客户送快递，去当几天仓库操作员帮忙整理货物，去客服中心当几天接线员接听客户电话、处理客户投诉，等等。公司属于制造业的 HR 也需要走入生产线，去现场感受一线员工的真实环境，去前线的销售网点了解一线销售是如何将产品卖给客户的。只要这样做，HR 才能真正做到无缝的换位思考。

HR 还需要随时随地把自己换位成 CEO，去思考 CEO 会如何处理面前的这个问题。在互联网行业，创新是永恒的主题。但是对大部分企业来说，创新也是有边界条件的。比如，公司属于互联网广告行业，目前主营业务面临极大挑战，有许多没做好的地方需要付出百分之两百的努力去解决。这时候业务部门告诉你，他想拉一个小团队出去做 O2O（线上到线下），用全新的模式来开拓新的领域，又或者业务团队说有了创新的想法，想拉团队出去做游戏开发。作为 HR，你该如何操作？如果换位成 CEO 又该如何操作？站在 CEO 的角度，会不会有更多的可能？能否让"子弹先飞一会儿"，允许以合理的创新机制孵化新领域？

▶ 帮助业务取得成功才是 HR 的成功

如何衡量 HR 所做的业绩是成功的？如何衡量 HR 的价值，一直是个大难题。我们观察到市场上出现了两种趋势：第一种是评价宏观化、主观化，基本靠主管个人的感知和感觉来评价判定。第二种是完全依赖指标。比如，从 KPI（关键绩效指标）中抽取关键指标、财务指标、员工满意度、市场占有率、员工士气、企业文化、公司战略达成度等一个或几个指标，并紧密挂钩。应该说这两种方式都是有失偏颇的。考虑 HR 工作对象——人的复杂性，以及从 HR 本身到业务最终产出的路径非常长，中间环节非常多，我们更应该认真仔细对待 HR 价值的衡量。最根本的思路是要从 CEO 的角度，从业务的最终产出倒推来观察评价，截取 HR 对业务产出影响最大的关键指标和要素。基于指标，结合综合评价来评价 HR 的价值。

比如，公司属于游戏或电影娱乐类创意行业，关键的领头羊可能基本决定了项目和公司的成败。如果 HR 能像星探一样帮公司发掘领头羊，同时能给人才创造有利的企业文化环境和良好的激励机制，最终项目取得了成功，就应该承认 HR 的贡献和价值。再如，公司属于高新制造类行业，公司的成功依赖于强大的运营管理能力和流程控制能力。如果 HR 能将公司的运营管理机制贯彻到员工的每一滴血液里，让流程控制成为每一个人的信念，同时提供强大的人才吸引和发展机制，都将极大促进公司业务的成功。总而言之，HR 要把自己的价值跟公司的商业模式连接，帮助业务取得成功才是 HR 的成功。

谁是 HR 的负责人？谁是 HR 的客户？

▶ 业务经理才是 HR 的负责人

曾经在一场有许多 CEO 和 HR 高层参加的会议上，主持人问在场人士：你们认为谁是 HR 的主要负责人？很多人回答 HR 是主要负责人，也有人回答业务经理和 HR 共同为主要负责人。实际上，业务经理才是 HR 的主要负责人，而非 HR。HR 需要清楚这个定位，起到齿轮和纽带作用，带动业务经理成为 HR 高手，让他们能熟练运用 HR 工具方法，在业务管理过程中直接产生价值。HR 从业人员需要成为那个站在业务经理背后露出满足微笑的大哥，不要成为越俎代庖的“奶妈”，那样只会使业务经理成为无自理能力的“巨婴”。

一个很明显的道理是，HR 几乎所有重要的行动都需要业务经理来亲自实现。比如，对于一位新销售人员来说，业务经理才是决定客户资源划分的人，也是能在业务上给予其指引和辅导的人，同时对于业务中遇到的实际困难，业务经理也能用专业的能力、经验以及内部的资源真正解决这些问题。一位好的 CEO 一定是一位优秀的 HR。

▶ HR 为客户和用户工作

对 HR 来说，谁是 HR 的客户是一个首要问题。有人说，既然是老板请我来，发给我工资，那么老板就是我的客户。也有人说，毕竟我们面对的对象还是员工，我们所做的一切都在驱动员工贡献价值，那么员工就是我们的客户。还有人说，没有客户企业就完蛋，是客户决定了企业的价值，HR 为了实现企业价值临时把员工组织在一起，从而创造出产品提供给客户，因此 HR 的最终客户应该是客户本身。到底哪一种说法更靠谱？这些年，业界一直有着很深的争议。老板是业务流上下游的客户，员工是服务对象意义上的客户，而客户本身则是根本意义上的客户。我们需要区分不同客户并定位好自己的角色。“现代管理学之父”彼得·德鲁克（Peter F. Drucker）提到企业的唯一目的是创造顾客。HR 应服务于这一目的，在支持好所有客户的前提下实现自己的价值。

从 10 人到 10 万人公司的 HR 管理应注意什么？

一家企业是有生命的，就如同一个人。人从出生到死亡，是一个必然的过程。而企业略不同的是能通过重组和嫁接业务重获新生，但是这也只是获得新的生命周期，新的生命周期结束，企业也随之消亡。企业从出生到消亡大致可以分为四个阶段[①]。

▶ 企业 0—0.1 阶段：简单有效

0—0.1 的阶段是最小原创价值打磨期，此时是典型的团伙状态，也许只有一二十个人，不太需要规则、制度，打的是混仗、乱仗，这通常是创业最美好的阶段。

企业在初创阶段，能活下来比什么都重要，因此在这个阶段，HR 需要采取的策略应尽可能简单，效率优先，不用太追求整体性和细节完美。HR 的所有规则应围绕着业务的发展而动态更迭。比如，公司只有几十个人，绩效考核就应该简单明了，因为一名主管之下只有几个下属，主管对每个下属的工作表现都再清楚不过，主管的主观综合评价也许比所谓的定量考核来得更加科学。

▶ 企业 0.1—1 阶段：灵活又有规则

0.1—1 的阶段是实验性复制期，这一阶段已经失去了最初的美好，人开始掩藏真实的自己，要进行战略验证、模式迭代，开始有团队、有分工，产品、营销、生产、运维、人事、财务、行政等不同职能出现。

到了实验性复制期，公司的团队初具规模，在这个时候，还是如初创时期那样是不行的。公司业务运营的核心规则要建立起

① 《前阿里首席人力官邓康明：核心团队是剩下来的，不是选出来的》，载新浪网，http://finance.sina.com.cn/stock/relnews/us/2019-08-24/doc-ihytcern3177364.shtml?source=cj&dv=2。

来，配套的HR体系应逐步建立，分工协作体系也要完善。在这个阶段，HR要追求的是灵活度和规则性的统一。比如，在团队架构上，一个团队不再是一堆多面手的混杂组合，而是要有合适的专业化分工，让专业的人做专业的事，并让大家分工协作达到最优。激励机制上也应该有针对不同专业的组合。HR要考虑岗位职责、分工协作、决策机制、授权、财务权限、考核体系、流程，等等。

▶ 企业1—10阶段：价值观引领

1—10的阶段是扩张期，强调战略执行，可能会发生战争。

到了扩张期，公司团队规模增长很快，要跟竞争对手打各种阵地战，就需要强大的组织能力、严密的流程控制能力和强悍的执行力。这时如果没有成熟的HR体系和文化能力保障，想要打胜仗就是痴心妄想了。HR需要建立起一套文化价值观体系，让文化驱动所有人凝聚在统一的目标下。比如，公司要全面铺开，跟竞争对手打百城大战，针对每一个客户、每一个商户、每一个用户展开抢夺。HR就需要采取行动，如何建立起所有人对使命价值观的认可以及对胜利坚定的信心？战略或战役的目标是什么？采用什么样的策略打法？团队如何组织？总部与区域和各城市之间的授权关系如何？资源如何调动？标准打法是什么？重大战役如何协调一致？这些都需要HR给予体系上的支持。

▶ 企业10—N阶段：变革文化

10—N的阶段是衍生期，在这一阶段要进行战略衍生，通过培育孵化、收购兼并构建多元化、生态化组织。

到了衍生期，企业完全成熟，企业的再生主要依赖自身改革及变革，或者内外部重组合并等，HR 就需要从这两个层面帮助公司找到腾飞点。企业发展到这个阶段，遇到的问题都是顽疾，需要动手术才可以。比如，有的公司是文化上产生了惰性，公司里混日子的风气占领了主流空间，产生逆淘汰，有想法、有追求的人纷纷出走。再如，有的公司是主营业务遇到了市场天花板，公司员工的士气还在，但是没有发挥的余地。如此种种的情况很多。HR 需要与 CEO 一起对公司进行手术治疗，引导公司的改革，包括文化变革、架构重新梳理、业务优化、流程再造，等等。当然另外一个方向就是寻找与内外部的资本结合、兼并重组等。HR 要保证公司在兼并重组过程中的文化融合，要对接外部的团队、流程、资源等，保证大家的协作效率，让新的企业焕发新的生命活力。

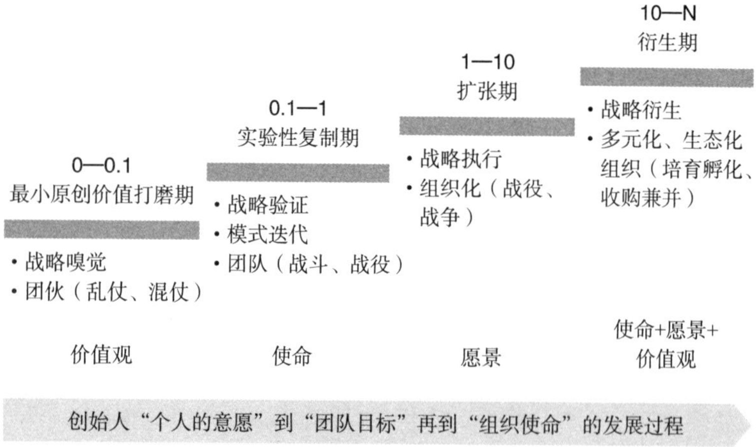

图 1-1　组织成长的四个阶段

新时期面临的新挑战

▶ VUCA 时代

先把这个名词的定义明确好：

V=Volatility（易变性），是变化的本质和动力，也是由变化驱使和催化产生的；

U=Uncertainty（不确定性），缺少预见性，缺乏对意外的预期和对事情的理解和意识；

C=Complexity（复杂性），企业为各种力量、各种因素、各种事情所困扰；

A=Ambiguity（模糊性），对现实的模糊，是误解的根源，各种条件和因果关系的混杂。

在 VUCA 时代，长期、静态的规划都是不明智的，静态看待一种行为的对错也是不合适的。我们需要拥抱变化，动态规划，随机应变。HR 需要做到以下几点。

1. 用第一原理思考

企业家埃隆·马斯克（Elon Musk）曾经提到，他之所以能够在多个领域取得成功，来自于他对第一原理（First Principles）的思考。第一原理的思考方式本质上是从物理学的角度看待世界的方法，也就是说一层层剥开事物的表象，看到里面的本质，然后再从本质一层层往上走。

举个简单的例子。在互联网公司，产品技术部门和销售部门往往协作难度比较大。借用一句俗语：屁股决定脑袋。大家坐在不同的位置上，承担的目标不一致，因此避免不了冲突。对销售部门来说，我有不同的客户，不同的客户就有不同的个性需求，而且客户需求随着市场竞争越来越激烈而变化越来越快，这就对产品技术部门提出了非常多的要求，这是理所应当的任务。而产品技术部门的 KPI 是用户的吸引、留存，让用户更满意。很多增收的措施如增加广告位置本身对用户的客户体验和留存是有负面影响的，产品技术部门会非常抗拒做这些工作。在这种情况下，寄希望于两个部门实现良性协作是非常困难的。所以，问题的本质在于如何创造一种双赢的机制，应从这个原点向外延展思考。

2. 开放性思维

在今天，静态看一些措施可能有对错之分，但是如果着眼未来，就会觉得这一切的苦难都是为了给明天的成功铺路。今天的一些做法可能有不完善的地方，但是着眼于全局，会发现不完美也是最终胜利的一部分。对于新的思想、观念要拥抱接纳，而不是固执抗拒。

3. 容错思维

阿里巴巴 CEO 张勇曾讲到，他为了做业务，把自己变成了一个逻辑分裂的人。很多情况下，他内心的逻辑告诉他有些事情不靠谱，但是另外一种声音会让他选择容错，让子弹再飞一会儿，也许等一等就雨过天晴。

如今商业竞争中唯一不变的就是变化，而且变化的周期急剧缩短，波动性变得前所未有。企业要适应变化，首先就需要拥抱变化，不停地快速学习、创新，而且需要永远以开阔的心胸去学习，用美国苹果公司联合创始人乔布斯（Steve Jobs）的话讲就是："Stay Hungery. Stay Foolish.（求知若渴，虚心若愚）"因此，需要在组织上考虑如何建立自动适应、自我修补、自动更新的企业文化学习基因。

▶ 新生代员工

有一个段子讲"70 后""80 后""90 后"的区别："70 后"喜欢加班，"80 后"不想加班，"90 后"不想上班。酒桌上，"70 后"喜欢坐在领导身边，向领导看齐。"80 后"喜欢随意选座，崇尚人人平等。"90 后"觉得自己就是领导。

当然这只是开玩笑，但是也很鲜明地描绘了不同代际人群之间的巨大差异和代沟。

新生代员工出生在改革开放之后，从小经济条件相对较好，又大多数是独生子女，在家里备受关怀，因此他们普遍受挫性相对较弱。他们出生在一个信息丰富的时代，见过世面，都有自己独立的想法，不迷信权威，也更有想象力。他们更加追逐自己内心的满足，希望实现自我价值。他们追求工作的丰富性，厌烦重复性的工作。这一切的特点就是时代的特点，HR 需要特别理解和关注。在这方面，HR 需要做的很多。

1. 提升工作丰富性，营造体验感

对于新生代员工来说，工作是否丰富、有意思比挣多少钱更为

重要。在基本报酬达标的前提下，他们在评价一个工作机会的时候，更看重的是这个工作机会可以给他的体验和成长的机会。许多人以为现在的年轻人怠惰，总是想着多赚钱少劳动。实际上，新生代员工不喜欢的是被强迫一直做单一的重复工作，如果是符合兴趣自由的工作，他们的付出和努力甚至超过前辈。

2. 用任务来引导、驱动人才成长

新生代员工很难接受强迫式的学习和压迫式的培训。他们享受活在当下的感觉，追逐自我个性和自我主权，厌烦去学习一项他认为和自己工作不相干的技能或者知识。

那如何调动起他们学习的兴趣？可以借用游戏的方式，将工作的要求明确为一个又一个具体的项目或任务，用任务引导员工完成。当任务需要他们去学习的时候，他们自然会主动收集相关的资料和信息，学习相关的技能，并发挥出惊人的学习动力和成长性。

3. 用发展来引导和保留人才

企业本来就是一个需要强管理的地方，但是也要尊重员工个性和个人权利，这两者之间是略有冲突的。实际上，如果 HR 设计了良好的制度，让管理者通过手中的资源、信息、发展机会等去引导好的员工和行为以及淘汰不好的员工和行为。员工在竞争这些资源、机会的过程中，自然就能区分出来。一位优秀员工具备良好的价值创造能力，当然可以获得更多的资源投入，享受更多的发展机会，反之亦然。通过资源竞标的方式，让员工自由竞争，让员工为自己的行为和发展负责。

管理者需要拥抱新变化，拥抱新生代员工，学习新技能，拓展新的工作领域，与新生代一起成长。

▶ 边缘创新

《连线》杂志（Wired magazine）创始主编凯文·凯利（Kevin kelly）在他的代表作《失控》里提到：很多颠覆性创新技术其实是从边缘产生的，而在外部式的创新中，主导者是大量起初被大公司所忽略的新兴创业公司。

通常，大的公司不屑于去做一些低利润的项目和任务。对于大公司的规模来说，这样的项目对他们来说，收益率太低了。这样就给小公司留下一定的机会，小公司刚开始通过做这种低利润的项目来维持他们的生存，但慢慢也会发现，他们所追求的这一块利润太低了，因此会向上进攻大公司所在的领域，最终成为大公司的竞争对手。

在这方面，HR 需要推动公司做好如下几项工作。

1. 创新的土壤

一家公司如果是保守、封闭的文化，对新的事物没有容错的态度，那么这家公司大概率是很难在创新上有所建树的，更不用提边缘创新了。创新有多个维度，如个体创新、渐进式创新、颠覆式创新等，无论是哪种创新，最重要的还是要有创新的土壤。

HR 需要创造开放式的平等沟通氛围，如引导管理层做出表率，沟通中不要过早否定对方的观点，学会倾听，以及虚心接纳新观念等。HR 还需要建立包容创新的文化，如对于创新中遇到的挫折多一些忍耐，多一分包容心，多给予帮助。HR 还需要建立创新孵化激励机制，如公司对外设立投资部门，对内设立创新孵化器，在公司的主赛道上，鼓励员工运用公司给予的资源帮助快速试错，让创新落地并走向市场。

2. 创新的人才

创新的人才不是因循守旧的，他们具有很好的拓新精神，往往会对现有的知识、认知、生产经验以及固有的流程提出挑战，并且勇于尝试新的解决方法。创新不是一蹴而就的，而是需要很多尝试，经历很多次的失败才有可能最终成功。

在这一方面，HR 需要解决两个问题。

（1）如何定义创新型人才，去哪里找到人才？创新人才拥有多种特质，不盲从权威，不满足现状，能对现状进行大胆假设；自己能推动各种资源去验证想法，形成产出。HR 需要利用多渠道，以体验式招聘引进这些人才。

（2）如何培养创新精神，培育创新人才。如前文所讲，创新的土壤最重要，假如有良好的土壤，一定能在上面长出嫩芽。这方面我们将在后文详细讲述。

3. 创新的机制

空有文化和精神，没有机制，是无法形成规模化结果的。如果大公司去做一个创新型业务，那么首要的还是为业务争取足够的空间，以及必要的资源和配置。比如，拥有不同于现有框架流程的自主权，以及较宽松的试错条件，等等。

例如，几年前，我们针对创新业务推出了“悬崖计划”。根据业务的大小，分别给予 1—3 年的实验期限。在期限内，公司作为前期天使投资者独立投资，并根据业务进展选择对外融资等。假如在规定期限内无法成功养活自己或被外部投资“接走”，那么业务就走到了悬崖边缘，以掉下悬崖完结。

在悬崖计划的期限范围内，创新业务获得独立的空间、资源、团队自主权等，以及可期待的激励条件。这一切机制能大大促进创新的落地。当然，如果内部无法解决，那么就从外部收购兼并。

▶ 跨文化

网上有个段子：有个外国朋友到中国旅游后回国，向当地的华侨竖起大拇指，夸奖中国人勤奋上进。他说他在中国走遍大街小巷，基本上每个街道都能看到好多招牌，上面写着“早点”两个字，提醒大家要早点工作、早点学习。

虽然只是个段子，确实也说明了不同文化的差异之大。

随着更多的企业开展全球业务，业务触角遍及世界各地，不同文化、不同种族之间的交流融合就变得无比重要。这里先确定一个概念——跨文化管理，又称为交叉文化管理（Cross Cultural Management），它是指通过克服不同异质文化之间的差异，在此基础上重新塑造企业的独特文化，最终打造卓有绩效的管理行为。

HR 是跨文化管理的主要责任人，我们需要从以下几个角度帮助企业实现跨文化的融合。

1. 文化互补

在国外的子公司充分尊重当地的文化并将东道国的文化吸收

进来，与母公司所在国家的文化进行对比融合，原则是尊重差异，取长补短。比如，东道国属于西方的文化体系，比较尊重独立个性，追求平等和意见表达，更追求管理上的精确。而母公司所在国家属于东方儒家文化，强调集体服从，追求大局观和整体和谐。这一切都应在公司中并存。

2. 本土化

目前越来越多的跨国企业采用这种方式。公司大量雇用当地员工，尊重当地人的智慧和对当地市场的亲近性。国外子公司被授予很大的自主权以保留当地文化。母公司充分遵守当地的民俗、宗教信仰和生活习惯，等等。

3. 全球统一

与本土化对应的就是全球统一。母公司基于效率和全球品牌考虑，将统一的品牌和文化价值观输送到所有的国外子公司，从文化上建立统一的内部价值认同和外部文化表达。这种方式在保证公司业务高效复制到全球方面有着重要的意义。

4. 文化创新

母公司所在国家和子公司所在东道国的文化差异过大，仅仅通过互补并不能解决业务的问题。那么，在两种文化经历磨合、融合和整合之后，为了促进业务的发展，很多公司会生长出新型文化。这种文化既保留着母公司企业文化的特点，又与子公司当地的文化环境相适应，将两种文化有机结合。这样，不仅使全球化经营企业能适应不同国家的文化环境，还能大大增强竞争优势。

全球化经营企业在进行跨文化管理时，应在充分了解本企业文化和国外文化的基础上，选择自己的跨文化管理模式，使不同的文化得以最佳结合，从而形成自己的核心竞争力。

是时候跟人力资源部说再见了。我指的不是撤销人力资源部门执行的任务，而是人力资源部本身。

——**摘自拉姆·查兰《分拆人力资源部！》**

最近这些年，越来越多的人对人力资源部的价值提出严重质疑。1996 年一位名叫托马斯·斯图沃特（Thomas A. Stewart）的专家疯狂叫嚣要“炸掉人力资源部”，他的观点犹如在平静的湖面投进一块石头，在当时引发了很多“憎恨”HR 的人的共鸣。若干年后的2014年，全球最知名的管理咨询大师之一拉姆·查兰（Ram Charan），在《哈佛商业评论》上发表文章《分拆人力资源部！》，在整个行业掀起了轩然大波。

拉姆·查兰在《分拆人力资源部！》一文中，批评大多数科班出身的首席人力资源官“没能将人力资源与真正的商业需求结合起来，不了解关键决策是如何制定的，分析不出员工或整个组织为何没能达成企业的业绩目标”。因此，他建议“减少首席人力资源官职位，将人力资源部一分为二。一部分可以称为行政人力资源（HR-A），主要管理薪酬和福利，向首席财务官汇报。这样，首席财务官便能将薪酬视为吸引人才的重要条件，而不是主要成本。另一部分称为领导力与组织人力资源（HR-LO），主要关注提高员工的业务能力，直接向 CEO 汇报。HR-LO 负责人由运营或财务部门非常有潜能的人担当，他或她既有专业知识，又具备人际交往能力，令其能将二者融会贯通”。

这无疑是一个让 HR“自宫”的建议。对 HR 部门来说，形势岌岌可危，幸亏 HR 领域的大师戴维·尤里奇站了出来。他重新分析了这次争论的要点，认为直接取消 HR 部门是愚蠢而且毫无意义的。他认为，如果 HR 无法增加价值和改善业绩，当然应该取消。但是如果 HR 可以创造价值或达成成果，那就得保留。关键在于，HR 如何创造价值以及如何达成成果。而要想创造价值，HR 不应该只关注我做了什么，而应关注产出和成果。

彼得·德鲁克在《管理的实践》一书中提出，“管理是一种实践，其本质不在于‘知’而在于‘行’；其验证不在于逻辑，而在于成果；其唯一权威就是成就”，HR 亦如是。HR 在过去的几十年里，一直以 HR 内部视角在指导自己的工作，把工作按职能分为招聘、培训、绩效、薪酬、OD 和员工关系等。HR 经常沉迷于专业化本身，容易“自娱自乐”，在业务部门眼里成了政策部门、威权部门、官僚衙门。如今这条路算是走到了十字路口，HR 必须从原来传统的职能专业化道路转向支持商业战略成功的道路。在新的道路上，HR 的导向应从老板管理层或者员工转向战略客户。HR 应更关注 HR 本身的产出和价值。可以说，不管一家企业的 HR 专业操作做得是否到位，如果不能帮助公司确认战略、帮助战略执行、打造组织能力、提升人才能力和改进效率及成本，最终实现企业战略目标，那么 HR 工作就失去了存在的意义。

HRD

02

成为政委和副驾驶，找准自己的定位

HR 的角色如何定位？HR 能否是业务经理身边的顾问咨询师，即站在比业务经理更高的高度提供专业的 HR 咨询服务和顾问作用？还是业务经理身边的伙伴，不但能提供专业的 HR 咨询服务，帮助业务经理出谋划策，还是他们业务上的亲密战友，能在业务领域成为好帮手？抑或 HR 是业务经理身边的政委，不但能提供以上的专业 HR 支持，提供专业领域的伙伴帮助，而且在关键的战役上，具备与业务经理互相补位、互相替换的能力，做到你中有我，我中有你，成为公司在业务战线的一条后备人才线？我们有必要先回顾一下 HR 架构演变的历程。

你的 HR 架构处在哪个阶段?

我们先简单回顾一下 HR 组织发展的整个历程。正如生物文明的进化历程，在环境的影响下，生物由最初萌芽状态的单细胞生物，慢慢适应并演化成现在的多物种生态系统，生命一直沿着演化的路径在发展前进。同样地，在纷繁复杂的社会环境下，自产生概念至今，HR 的组织形态已经历了好几次大演变。这些演变属于潜移默化的变化，短时间内很难察觉，但是放到一个较长的周期中观察，你会发现在不同时期 HR 组织架构发生的巨大变化。

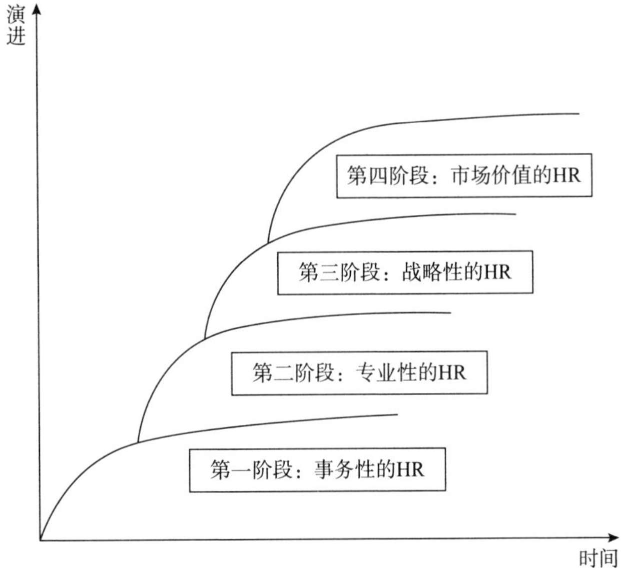

图 2–1　HR 组织结构演变历程

▶ 第一阶段：事务性的 HR

许多初创型创业公司，人员规模为二三十人，老板对于手下任何一位员工的情况都了如指掌，人员管理极度简单且高效。在这个阶段，大家对 HR 的需求就是发放薪酬、做做考勤、招聘几位员工等事务性工作。HR 的任何脱离低价值的事务性工作，向高价值工作突破的努力都将遇到极大挑战。以招聘面试工作为例，为提升面试甄选的效果，除了面试流程和面试技巧之外，HR 希望通过更专业化的测评工具，以及系统化的面试方法来提升面试的效率和整体效果。但是在初期，这些专业化的工具和系统化的方法对人才判断的准确性，很有可能没有老板用一两分钟时间，把各路信息放进大脑加工后一拍脑袋得出的结论好。这往往会给 HR 建立价值形象带来毁灭性的打击。

其他初期企业的情况基本类似。事务性工作很难带来显著价值，HR 很难在企业建立起价值形象，也会让老板对 HR 工作无感知。或者相反，老板对 HR 无认知，因此对 HR 没有期望值，也就不会给予 HR 更大的发挥空间和支持。

这很容易导致一个负反馈圈：一开始老板对 HR 的期待值很低，只期待 HR 完成常规事务性工作，事务性工作并不能带来显著价值，没有显著价值会让老板对 HR 基本无感知并导致其对 HR 的不认可，老板对 HR 无感知又导致其对 HR 的期望值更低……如此往复，HR 陷入这个怪圈不能自拔。

在这种情况下，HR 要证明自己的价值，就需要提升事务性工作的效率，以更低成本、更高效率完成工作。先在老板心目中建立起完美的形象，有了完美形象的背书后，再寻求向更高价值链发展的道路。

▶ 第二阶段：专业性的 HR

从事务性的 HR 过渡发展到专业性的 HR 是必然，否则 HR 这个职能将彻底堕落成一个可有可无、随时可能被外包取代的鸡肋职能，很容易消失于无形。

当企业发展壮大、人员规模变大以后，人员管理的复杂度呈现几何式增长。管理的层级变多，管理区域更加多元化或国际化之后，如何通过有效的方式搜寻到各层级所需的人才就成了一大考验。为了解决这一问题，专业化外部猎头应运而生，同时基于成本和效率的双重考虑，企业内部猎头也逐渐设立。此外，介于内部猎头和外部猎头的 Outsourcing（业务外包）寻才服务迅速兴起。为了解决多层次人才的技能培养和知识沉淀，解决公司统一思想、企业文化共创等问题，企业领导力发展中心、文化学院，企业大学也逐渐设立。专业的结构加上专业的工作，使得 HR 工作走向更高价值链，从而给企业带来更大价值。

在这个阶段，HR 需要由里向外地开展工作。从发薪酬、做考勤这些我们称为圆心筒的最基础的工作开始，逐渐向外扩展，以系统化、专业化的架构和卓有成效的实践效果来验证 HR 的价值和权威。

▶ 第三阶段：战略性的 HR

老板最痛恨的是，一个部门沉溺在自己的专业世界里不可自拔。HR 走专业化的道路固然有道理，但是十分容易让人迷失。当 HR 在追求专业化的小道上迷茫徜徉的时候，往往受到老板的当头棒喝：你这些花里胡哨工作的目的到底是什么？跟我的战略到底有何联系？

为了实现企业战略成功，将员工工作跟企业战略有机结合，

HR需要由上而下，以战略目标作为出发点来考虑整体HR战略和实践的问题。比如，一家企业的战略目标是要实现业务多元化，那HR需要为多元化业务提前搜寻人才、储备团队，加速创新，并提升领导力等。如果这家企业的战略目的是聚焦主业，则可能正好相反，HR需要优化团队架构、推进改革、做好精细管理。当确认了公司战略和目标任务后，HR制订一系列的工作计划和方法，并负责实施落地。在实施的过程中，逐步找到落地实践的效果与战略目的之间的清晰联系，同时也逐步实现HR自身的观念转变和重新调整。

▶ 第四阶段：市场价值的HR

彼得·德鲁克提到：企业的宗旨就是创造顾客，顾客是唯一的效益中心。可以说，一个企业的价值高低不在于有多少厂房、土地等资产，而在于拥有多少顾客。

每一位老板最终追求的都是市场上的价值。如果HR无法让自己所做的一切工作跟期待的市场价值联系起来，那么对于企业老板来说，你所做的就是无效、无用的。这就需要HR站在老板的高度来思考，去看企业在市场中的位置如何，客户对我们的需求在哪儿，股东和员工有何期望，根据如上视角对HR的期待来定义HR。HR最终要回答我们做的组织建设、人才领导力、文化建设等事宜如何体现在公司的市场占有率、业绩增长速率、在市场上的口碑、在整体顾客中的影响力等上面。记住，要让HR部门成为公司真正的效益驱动部门。

成为政委和副驾驶，找准自己的定位

▶ HR 三支柱解决了效率和体验的问题

原来 HR 常规架构是按照职能纵向切分的：招聘、培训、薪酬、绩效、组织发展、文化、员工关系、基础人事……这种切分的好处不言而喻，但是也面临十分严重的问题。

首先是 HR 离业务很远。HR 对业务变化的感知不明显，对业务支持的效率十分低下。而且，职能 HR 身在 HR 部门，因部门定位和架构的问题，必然跟业务部门的需求有隔阂，导致 HR 对业务的理解不够彻底，做事“扯皮”。

其次是客户体验不佳。当一名业务部门负责人带着手下诸多员工的多个需求来找 HR 解决的时候，如果 HR 是职能式的，意味着业务部门负责人需要找到多个处室的多个 HR 同事，在多个处室之间折腾奔波。而且，HR 内部之间的扯皮会把业务部门负责人彻底搞蒙。

为了解决如上所说的问题,HR 内部组织架构也相应开始变革，以客户界面为导向横向分层，三支柱的架构油然而生。先简单介绍一下 HR 三支柱。

1. 人力资源业务伙伴（HR Business Partner，HRBP）

这是人力资源内部与各业务部门沟通的桥梁。HRBP 既要熟悉 HR 各个职能领域，又要深入理解业务需求，能帮助业务部门快速、高效地处理各项 HR 问题。因为 HRBP 贴近业务，有现场处理的便利性，所以处理问题的方案往往会更加合理且符合实践，更容易取得业务部门从经理到员工的认可。

对于无法第一时间处理的复杂问题，HRBP 能站在 HR 专业人员的角度给予预处理，并将问题整理打包以求助于 HR 内部的人力资源专家中心（COE），以更专业有效的方式设计更加合理的工作流程，完善所在业务单元的运营流程，最终解决业务问题。

2. 人力资源专家中心（HR Center of Expertise，COE）

这是 HR 内部与 HRBP 一起为业务部门提供专业咨询、设计专业方案，帮助业务部门解决系统复杂难题的专家中心。COE 提供的支持范围包括人力资源规划、组织效能设计、领导力发展、人事测评、绩效管理设计、薪酬设计等。站在公司长远利益和制高点，COE 帮助系统规划 HR 各项工作，同时也需要与 HRBP 一起及时解决业务运营过程中遇到的临时问题或难题，还需要提供大脑的职能，指导 SSC 的服务支持如何更高效、更符合目标需求。

3. 人力资源平台部（HR Shared Service Center，SSC）

这是统一处理所有与人力资源管理有关的基础性行政工作的“工厂”。分工协作带来生产效率的极大提升，这一点，“西方经济学之父”亚当·斯密（Adam Smith）在《国富论》里讲到并实际验证过，我们后面会专门讲到这点。HR 工作也是如此。HR 负责办理各项手续、核算薪酬福利、办理社会保险人事档案、登记人事信息、签订劳动合同，以及提供各项国家政策、公司规定等大量咨询，这些事务性工作的占比非常大，之前分散在各个职能 HR，严重影响各个职能 HR 发挥自己的优势和专业度，降低了工作效率。现在集中起来，建立一个服务中心来统一进行处理。

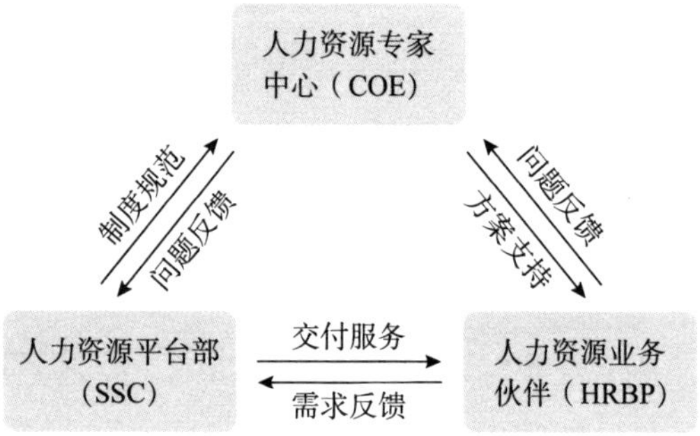

图 2-2　HR 三支柱

三支柱的 HR 架构比较完美地解决了如下三个问题。

1. 战略升级

因为大量 HR 事务性工作都由 SSC 处理甚至交由外部的供应商来处理，HR 可以从原来职能式的工作服务中解放出来，真正有时间与业务管理层坐在一起研究和明确业务战略方向和计划，并将战略落实到每一个具体计划之中，真正为公司业务战略提供支持。HR 从职能工作走向战略，将使得 HR 的工作真正变得有意义。

2. 效率提升

真正的效率不仅仅在于事情做得多快，而是方向要对。架构调整后所带来的 HR 战略升级，使得 HR 的工作与业务战略保持一致，避免了瞎子摸象式的埋头盲干。由于紧贴业务，HR 工作的效果也会更好。另外，由于新的分工协作极大地优化了效率，使得整体的效率得到极大提升。

3. 客户体验

正是由于专门面向客户的 HRBP 团队的组建，HRBP 可以为业务客户提供个性化的支持服务。比如，对于高层管理者提供一对一定制化个性支持，让高层管理者体验到 VIP 式支持辅导或辅助；对于中层管理者可以提供标准框架的支持，但是可以有一定程度的灵活处理；对于基层员工尽量提供标准化的菜单式支持服务。避免胡子眉毛一把抓的支持，对客户分层提供支持，从而能让业务客户轻装上阵，将更多精力用在商业战场上取得胜利。

▶ HR 需要修炼哪方面的专业能力?

要真正实施 HR 三支柱的架构，也需要做好相应的准备。很多公司出现的问题是把部门名称更改为 HRBP、COE、SSC，但是换汤不换药，责、权、利并不统一，那肯定是不会取得成功的，重要的是思想观念和能力储备都需要具备才可以。

1. 企业规模和发展阶段

有的企业总共才两三百个人，HR 四五个人，如果强行分三支柱，就没法正常开展工作了。而有一些企业在发展初级阶段，HR 身兼多职，一人需要当三人用，在这个阶段更需要的是大家互相补位而不是互相把职责分得太清，因此就更没办法，也没必要强行按照三支柱划分。至少要等到企业发展到一定规模，如四五百人或更大规模，在企业“温饱”生存问题解决后，才能再考虑三支柱架构。

2. 企业性质

我们把企业大致分为两类：封闭的传统类企业和开放的现代企业。这里的传统不是完全指生产制造等生产方式的传统，更多是指观念上的传统。一般认为企业的观念理念开放而不封闭，以及对变革的意愿比较强烈的前提下，才具备实施三支柱的条件。

3. HR 本身的能力

打铁还需自身硬，HR 自身有一些核心能力的修炼必不可少。

（1）对于 HRBP

冲突管理是最常见的工具。业务要在市场上打仗，业务核心价值链就需要通畅高效，如同血管需要通畅。而真实情况是血管中总是有堆积、瘀塞、拥堵、节点不畅、冲突。HRBP 就需要与业务一起打通价值链的血脉，让血脉畅通。

项目管理能力必不可少。HRBP 一定要成为优秀的项目经理，不单要将业务战略转化为 HR 项目落地，也要为业务负责人和每条业务找到业务上的项目经理。

变革管理能力是面向未来的必备。市场瞬息万变，如何帮助清晰企业未来方向，是否需要变革，如何启动变革，如何引导变革稳步发展，这里面需要高超的技巧。

此外，还需要拥有前瞻性的视野和超级情商，能作为谈判代表和活动家。

（2）对于 COE

提炼创造概念能力：作为专家团队，必须擅长于从业务的实践案例中提炼概念，或者创造概念，并开发所需的制度、标准、工具、方法、方案。

赋能能力：需要将自己的概念工具和能力通过专业化的沟通技巧影响到HRBP，并赋能给HRBP以及业务部门。

（3）对于SSC

执行能力：毋庸置疑，将事情第一时间快速处理交付是SSC永恒的第一原理。

精细化运营能力：将流程的运作细节精益化，追求永恒的最优，从而提供高效、顺畅、便捷、贴心的精益服务。

▶ HR的四种角色

戴维·尤里奇在《人力资源转型》中定义了HR的四种角色：战略伙伴、行政专家、员工伙伴和变革推动者。

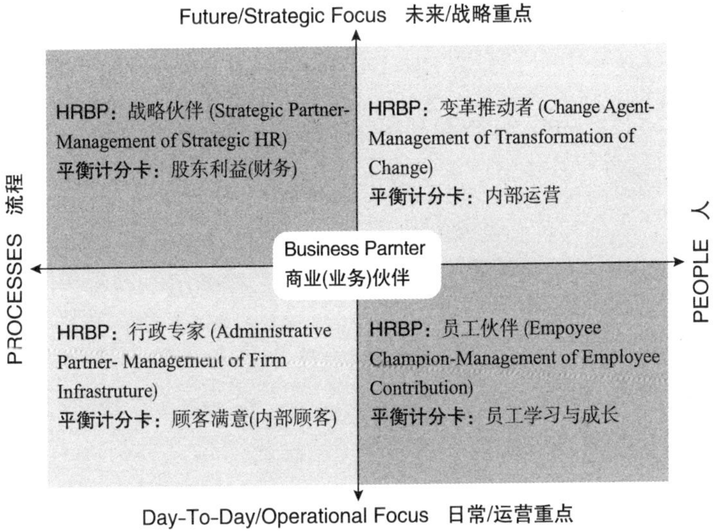

图2–3 HR的四种角色

1. 战略伙伴

戴维·尤里奇说，“我并不认为人力资源部应该制定战略。制定战略是公司高层管理团队的责任，而人力资源主管只是这个团队的一员。然而，要想成为高管层的合格战略伙伴，人力资源主管应该推动和引导一些认真的讨论，大家共同研究公司应该采取什么样的组织形式来执行战略”。

成为业务战略伙伴的一套标准动作包括以下几个步骤。

首先需要深入理解业务，前提是需要有良好的行业知识和业务知识。在理解业务的核心逻辑和战略方向后，制定人力资源战略。这就需要 HRBP 对行业趋势和业务变化有相当的敏感度和前瞻性。

其次需要动态匹配战略，将 HR 的专业和业务需求紧密结合起来，形成可执行的计划和方案，并以科学的方法实施。还需关注执行效果和产出与之前的预期是否匹配，如果不匹配，需要及时调整、优化方案，保证 HR 工作务实有效。

最后对产出和效果进行组织诊断。组织诊断的框架可以聚焦在公司治理、业务流、人员架构、激励机制、组织文化等方面。确认哪些方面对战略的执行有效促进，哪些方面会起到阻碍作用，什么样的组织结构能优化组织效率，什么样的组织结构会降低公司的效率，等等。

2. 行政专家

人力资源部在很长时间里都是从行政部脱身而来的，一直也被当作行政后勤部门。行政后勤工作很难让人发现价值，容易形成透明人效应，也就是说默默无闻地为他人做了 100 件事，但是依然被人遗忘。而实际上，真正的人力资源工作可以更有价值。HR 行政类工作的目标应是多、快、好、省，人力资源流程可以更便捷高效，规则可以更灵活适用，问题解决的满意度可以更好，从而为业务部门创造更省心的环境和保障，让他们专心在前方冲锋陷阵。效率的提高将提升人力资源部的声誉，从而为人力资源部成为战略执行伙伴打开一扇门。

3. 员工伙伴

一家公司能够获得成功，归根结底，就是人。无论什么行业，员工都是公司最大的竞争优势。一旦员工的需要被满足，他们就会为你带来奇迹。杰克·韦尔奇说，衡量一个公司稳健性的指标有三个，分别是现金流、客户忠诚度、员工敬业度。因此管理好员工敬业度，做好员工的后盾，才能真正让人力资源对业务有促进并产生价值。

人力资源部应该在公司利益代表和员工利益代言人中间取得一个最佳平衡，需要向员工提供个人与职业发展机会，并提供资源来帮助他们达到要求，还需要为员工创造更好的文化氛围，包括组织团队建设活动、员工关系活动、内部协作的氛围和对业绩优秀人员的奖励。

人力资源部更重要的是让直线经理成为真正的 HR 责任人，承担起人事管理的责任义务。人力资源部此时的作用是提供一把标尺或者一面镜子，让直线经理照到自身现状与目标之间的差距。

4. 变革推动者

市场环境在不断发生变化，这些变化在大部分情况下短期内看不出来有何影响，但是如同财务投资里的“复利法则”一样，只要假以时日，你就会感受到变化所带来的巨大影响。还有一些环境突变，对业务会产生更巨大的影响。优秀的企业能够适应环境变化，并迅速落实为高效的行动，从而产生更好的结果。事实证明，最终的优秀企业都是通过不断变革而取得市场胜利，不善于变化、变革的企业都将被时代淘汰。

人力资源需要与高层一起，将变革作为一种理念去接受和理解，并系统地运用变革工具，促使存在于公司高层脑海中的价值观理念逐步落地成具体的计划。包括如何高效搭建团队并确立策略，如何使团队更灵活高效，如何缩短技术研发到用户产品的距离，如何落实精益化管理，等等。

人的天性是抗拒变化，抗拒风险的。变革意味着要做取舍，要勇于承担风险。人力资源要面向未来，站在长期利益最大化的制高点，推动变革实施落地，取得成果，让变革助力企业获得长期胜利。

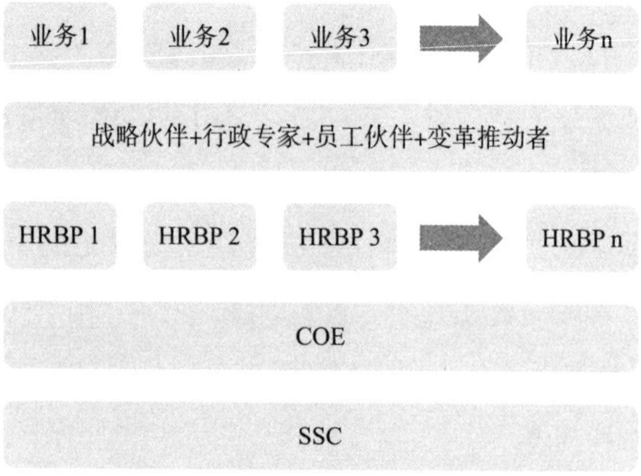

图 2-4　面向业务的 HRBP 角色与架构

▶ 如何定位 HRBP？

1. HRBP 可以成为业务领头人的副驾驶

看过越野拉力赛的同学都知道，一辆赛车里有两位成员，一位是赛车手负责驾车，另一位就是领航员，负责看地图并导航。一辆赛车的成绩好坏，很大程度上取决于两人能否完美协作。

（1）协助指引方向。在 CEO 或业务领头人确认战略大方向后，HRBP 需要为业务领头人指引具体前进方向，尤其是组织发展前进的方向。这就犹如赛车上的领航员，需要一边看手里的地图一边提醒赛车手下一步的操作。

（2）纠正一般性错误。在前进的道路上，总有许多错误操作。有一些属于方向性的操作失误，如业务负责人制定的业务发展策略偏离公司业务主航道，违背公司战略，或者违背经营原则，在资金使用、人员调配、资源利用上有违生意原则的情况，HRBP 需要及时给予提醒并纠正。这时候 HRBP 的身份是双重的，既是业务部门的副驾驶，更是公司整体利益的代表人。

（3）及时踩刹车。对于原则性的错误，HRBP 需要严格制止，踩刹车以避免翻车，保证公司的业务能长期永续经营下去。HRBP 此时需要担任公司利益的守护人，以及组织人力资源的合规监督人，帮助 CEO 守好公司发展的红线，也是公司存活的底线。

（4）避免亲自驾车。HRBP 还需要避免越俎代庖，不能一脚踹开司机，自己来掌舵。记住，术业有专攻，让更专业的人来负责专业的事。

2. HRBP 可以成为业务领头人的政委

政委这一职务在我党的革命历程中发挥了重要作用。政委的角色非常特别，既不是一个简单的监督军队的职务，或者一个辅助性文官，也不是一个固定的军事指挥官（实际的军事指挥一般由军官负责）。但是政委的设立，保证了价值观传承和文化塑造，也保证了军队领导权的稳定性，对于军队的向心力起到了关键作用。

（1）稳定器。团队凝聚力和战斗力是 HRBP 首先需要考虑的问题。当团队士气低下的时候，HRBP 需要帮助业务领头人给大家打鸡血、送信心。当团队之间的内斗严重影响公司业务效益的时候，HRBP 需要找到各部门之间友好协作的共同利益点，协作将使团队业绩沿着螺旋向上的路线发展。HRBP 如同摩天大楼上的稳定器，楼越高越需要，能让大楼不至于被大风刮倒。

（2）领路人。星星之火，可以燎原。HRBP 就是公司文化传承的火种，也是给大家点燃火炬照明前方道路的领路人。一方面，HRBP 深刻理解公司文化，在公司文化传承中的角色犹如火锅底料，火锅是否好吃，完全取决于底料好不好。另一方面，HRBP 也是那位在夜路上给大家打着灯笼的领路人，让所有人能看到前方光亮，理解路况，照亮内心。

（3）AB 角。政委往往是在关键时候可以跟团长互换角色的那位，因此对于 HRBP 来说，虽然并不需要自己真正去充当业务的一把手，但还是要时时刻刻把自己置身于业务负责人角色去思考战略，思考业务，制定策略。而且在很多情况下，业务能力很强的负责人往往在管理能力上可能有缺乏，HRBP 恰好是业务负责人管理上的好帮手。

▶ HR 三支柱面临的挑战

HR 三支柱发展到今天，已然是很成熟且应用广泛的组织体系，但是 HR 三支柱已经快发展到十字街头，面临转型，HR 三支柱体系遇到的突出问题主要是以下几点。

1. 战略碎片化

在 HR 三支柱的组织架构中，我们会有不同的 HRBP 对口支持不同的 BU（业务单元），一位 HRBP 支持的 BU 规模大的可到上千人，小的也可能一两百人。对每一位 HRBP 来说，及时响应自己所支持 BU 的个性化需求是第一要务。在这种情况下，各人自扫门前雪，只有 HRVP（人力资源副总裁）一个人在做全盘考虑，集团的整体战略就很容易被肢解和遗忘。战略碎片化将导致集团松散无合力，资源浪费，重复投资，信息闭塞……这样的组织可以在局部小战斗中获胜，但无法打赢一场大战役。

2. 边界模糊

HR 三支柱设立的最初理念就是以业务为目标、以客户为导向重新划分，从而打破之前完全按职责划分的职能式架构。这自然就带来很多职责重叠的地方。而新的架构寄希望于以共同目标下大家的相互补位来实现职责的厘清。但是实践经验告诉我们，有些职责如果不说清楚，是很难通过自然无为的方式让大家无缝补位的。

这里面的关键问题在于：HRBP 与 COE、SSC 的边界到底在哪儿？在一些共同职责上到底谁听谁的？或者谁更应该更全面地为此负责？或者，从更深的层次思考，我们能否从管理灰度的角度考量，允许这种边界模糊的状态长期存在？

3. 专业性与业务契合度下降

一双手无法同时抓住十匹马，一个人不能同时把十件事都做得精细。HRBP 在前方应对的是无数件大大小小的事件，要判断、要排序、要决策、要处理，留给每一件事的时间都是有限的。同时，HRBP 的职责要求其把自己的视野放到最大，把自己的嗅觉灵敏度提升到最高，把能接触到的消息面、需求信息面做到最大，这就使得其在专业深度上的投入有限。这些职责很大部分被专业的 COE 团队负责，但是由于 COE 远离业务，使得专业性与业务的契合程度弱化，从而引起业务部门对 HR 专业性的怀疑。

HRD

03

如何赢得CEO的信赖？

“做人是做事的基石，做事是做人的结果。”

新东方创始人俞敏洪有一句话叫“做事像山，做人像水”。做事像山，意思是如果有一个目标在你眼前，这个目标对你很重要，你就要坚定不移地追求，不能随便改变或移动，像山一样坚强坚定。但做人要像水，水是流动的，水是变化的，水是往低处流的。如果你把自己放得很低，你会容纳越来越多的东西，会变得宽广。一个小小的池塘是很容易被污染的，但是一个大湖和大海是相对不容易被污染的。做人像水，可以容纳更多的东西，还能为自己提供更多的机会。

记得小时候父母总教导我们学会做人，待人要诚信正直，宽容善良，懂得感恩。父母教导我们如何接人待物，如何在不同场合保持礼仪。曾经父母总挂在嘴边的一句话是：诚信贵如金。无论在哪种场合，父母对我们的第一要求永远是诚实守信。

《人类简史》的作者尤瓦尔·赫拉利（Yuval Noah Harari）曾经讲过，信任是社会存在的基石。没有信任，就不会有宗教；没有信任，就不会有政府；没有信任，就不会有货币。国家、法律、宗教、金钱、公司、商业，现代人类社会的活动，本质上就是建立在信任基础上的商业故事，人类的每一次进步也是基于信任。从人类的基因本质来判断，人类为最大可能保证基因的延续，天然地就进化出一种本能，希望在变幻莫测的环境下寻求一定的可靠性，特别是在人与人交往的社会中。而判断另外一个人是否可靠，最好的标尺就是诚实可信。

当你与一个人交往时，你会从每一次交往的细节来判断他，如他对你从来不说谎话（当然不包括善意的谎言），在行为上他从来不会欺骗你，以及你会记住他在表现出这些行为时的眼神和表情，你从内心本能上会给他打分来辅助你决策。当日积月累的这些信任积分超过临界点形成质变，你就会给他贴上一个靠谱的标签，信任就产生了。于是你敢于跟他聊起很多私密话题，打开天窗说亮话，甚至你也可能敢于把自己的后背交给他，把财产放手给他处理，你们似乎成了一体。诚信这块基石上长出了坚实的果实，赢得了信任，它最终降低了沟通成本，加速了信息传递的效率。

人以诚信为本，善良正直为支撑，辅之以宽容感恩……人要在言谈举止、接人待物的每个环节都做到靠谱，做事先立人。

获得对方的信任，要迈出的第一步就是让人识别你做人的品德、底蕴和修养。在这里，第一印象非常重要。人是一个特别善于伪装掩饰的动物，不过一个人的底蕴修养很难伪装。一个人的眼神、穿着、气质、谈吐往往很容易透露出他的底蕴、修养和内心。飘忽游离的眼神往往透露出内心的不自信；艳丽的衣装可能昭告着藏在内心的激情；浑身散发出的聪睿、谦和的气质可能意味着内心的自信；而满口吹嘘的谎言只能证明浮夸。在人与人交往的诸多场景中，很多情况下第一印象决定后续成败。一场面试，往往在开头的两三分钟就决定了录用还是不录用，后面的 40 分钟只不过是为了给这个判断找到支持的理由罢了。第一印象的背后，也是父母持之以恒地教育和培养而养成的品格习惯。这里就引出一个话题，如何建立信任？

三步建立信任

人与人要成为亲密伙伴，一般要经历相识、相知与相爱三个阶段。有人从相识到相爱需要好几年，也有人一见钟情，从相识到相爱只需要一瞬间。但无论如何，这三个阶段不可能跨越和一蹴而就，不同的只是三个阶段过渡的快慢而已。工作上也一样，要成为业务上的战略伙伴，建立起真正的伙伴关系，也需要经历从取得联系到建立可靠性，再到取得信任三个阶段。

▶ 如何建立联系？

建立联系是 HRBP 所有工作的基础。这一点有些像销售见客户，你所有的目标是让客户首先记住你，脑子里有一个比较清晰的印象，最好这个印象能跟你提供的产品服务联系在一起。当机会出现的时候，客户能想起你。而要保持客户对你的这一份印象，与客户见面建立联系的数量和质量都相当重要。比较好的销售，能保证见面的质量，通过不多但是很高质的拜访能彻底让自己融入对方的人际框架中。如果有些销售在质量上不能保证，那就可能需要进行思考如何换一下人际切入点，提高见面的数量，间接达到让客户记住你的目标。

建立联系看似简单平淡，却是后面所有关系的基础，需要因人而异去寻找机会来解决。比如，在正式场合下，如何通过简单又专业有效的方案直抵客户需求，让客户对你保留良好的第一印象？另外，如何充分运用非正式场合与客户接触并保持轻松的沟通？一次良好的非正式沟通，往往能使客户撕下工作时身份给自己的约束，能聊到一些触及内心的话题，迅速拉近双方的情感距离。

建立联系的过程中，永远不要忘记几个问题：到底谁是真正的客户？重要决策是如何做出的？谁是战略目标方向决策过程中的关键贡献人？当然，弄明白这些之前，有一些工作可以提前做到。

首先，HRBP 需要提前深入业务部门理解业务模式以及运作机理。特别是从组织架构图出发，去了解每一个岗位设置如何支持业务模式，如何支持业务的目标和战略，目前的架构有何优缺点，有哪些可以优化的地方，等等。必要的话，HRBP 还需要在自己所支持的业务部门待上一段时间，跟业务部门所在岗位的人一起上班，一起工作，体验业务部门每一个岗位和其他岗位之间是如何协调的。

与业务部门的同事同甘苦共患难的这一段经历，会促使你很快融入业务团队中，获得大家的认同感，同时也会让你真切感受到业务的每一个细节和原理，你的思考会更落地、接地气而不是空中楼阁。你与业务部门的同事共享知识经验的这一段历程，也是让你能从外部视角找到大家的需求，去发现问题并找到问题解决方式的一段宝贵经历。也许业务部门对 HR 的需求会在日常沟通中直接提出来，这就是一个很好的机会，去快速帮助他们解决这些问题，并提供超出他们预期的服务。一次及时有效的问题解决将会让你迅速取得业务部门的信赖。

其次，当你完成上面的经历后，你自然就具备了初步的能力，可以就业务部门面临的关键问题向关键客户提出建议，并帮助他们找到应对危机的内部组织问题和文化问题。很多业务部门对 HRBP 最大的意见就是觉得 HRBP 不懂业务，提供的方案不接地气，或者对业务没有促进作用，从而不愿意让 HRBP 介入到他们的危机解决，HRBP 错失了展现自己专业能力的机会。

最后，为了使你与客户的关系得到升华，就需要让你的价值体现在业务部门的直接效益上。这就需要你主动争取参与业务部门重要项目，你的业绩转折点往往就在业务部门的重要项目中。

▶ 如何建立可靠性？

所谓可靠性是指对你所拥有的核心能力的信心，包括深入理解业务的能力以及通过 HR 专业能力提供解决方案、解决问题的能力。

这里所说的理解业务的能力更强调的是彻底搞懂业务的核心逻辑。当然，前提是必须彻底理解一些业务知识，包括：

- 所处国家的政策、法律管控；
- 所处行业的整体市场规模及行业竞争格局；
- 公司在行业所处的地位、定位和优劣势；
- 主要竞争对手的情况；
- 公司的竞争环境分析；
- 公司的核心产品情况；
- 公司的核心财务指标；
- 公司的主要营运模式，包括收入、利润和客户价值的产生过程；
- 公司的战略规划与具体实施计划；
- 公司的核心业务流程；
- 公司的价值观和文化；
- 公司的产品和客户；
- 公司面临的长期和短期的问题。

HRBP 还需掌握 HR 专业本身的知识和能力，包括：

- 人才选拔识别；
- 组织发展（OD）；
- 企业文化构建；
- 激励团队与个人；
- 变革管理；
- 咨询技巧。

接下来需要把业务和 HR 专业结合起来，帮助业务负责人解决业务中遇到的问题，让业务达成目标，让自己的价值增值。核心的步骤是：

- 从商业的角度由上而下分析公司的战略环境、方向和路径，找出核心问题所在；
- 将核心问题剖析清楚，定位到每一个具体的原因因素，将问题翻译对照为 HR 的工作要求，以科学的工具方法来形成工作计划；
- 推动工作计划落地执行，将成果回溯反馈到公司的业绩，并回应公司的战略目标。

▶ 如何建立信任？

信任是建立在 HR 专业能力之上的更高要求，关乎更多的是你的责任和品德。比如，你是不是愿意为 CEO 承担相应的责任，并自主地发挥自己的能力完成工作任务以达到期望？你做事的动机、底线是否能让 CEO 彻底放心？

比如，CEO 确定公司的人才吸引策略是吸引公司能吸引到的市场上的最优秀人才。在 HR 部门 KPI 指标之一为招聘完成率的情况下，为追求 KPI 完成率，有一些公司的招聘人员和外部供应商会降低招聘标准，或者在价值观要求上有意无意地放水。这样看起来大家的业绩很好，却给公司埋下长期的隐患。当然，更恶劣的是为促成招聘达成而对候选人做一些辅导、铺垫等。能力只能让你可以把一件任务完成，但是未必可以让你把事情做到有意义、有价值。

假如信任存在，当 CEO 指派一位深受信任的 HR 来负责，事情可能会走向不同。HR 至少会把公司人才策略真正理解透彻，不会唯 KPI 是从。他会站在 CEO 的角度，更关注的是公司的长期利益能否达成，在长期利益有保证的前提下来完成 KPI 指标，但是终极目标是把工作做得最好且有意义。CEO 会很放心 HR 不会走弯路邪路，抄羊肠小道，这才是 CEO 最终想看到的。

成为靠谱的人

有句话叫“低调做人，高调做事”。会做人是为了给做事创造一种好的环境，而会做事是一种能力。这里所讲的做人不是让你圆滑势利、看风使舵、见利忘义，或者见人说人话，见鬼说鬼话，没有原则，全是世俗的算计，而是让你在保持价值观的基础上，让别人从你身上感受到善意、宽容，让人与你合作时感觉舒心。

什么是做事？严格来说，做事是当输入给你一堆信息、环境、生产要素后，你通过科学、逻辑、管理的办法让所有的要素相互作用最终输出你想达到的目标。听起来很绕口，简单来说，就是你用你的能力把事情搞定。

会做事的人，首先都特别清楚一个道理：做正确的事，然后才是把事情做正确。做事情先三思而行，要有前瞻的眼光和判断，还需考虑后果是否能够承担。也许几秒钟就会做出一个错误的决定，但常常要用无限长的时间去纠正。一开始就做正确的事情，在过程中正确地做事情，都是成功的保证。另外，需要保持足够的耐心，慢慢等待事情的结果，并在等待时尽可能积极地努力，急于求成常常会欲速而不达。只要努力的方向是对的，结果就会是好的。正确的方向加上足够的耐心，是通向良好结果的最佳途径。

会做事的人一般具备三个特点：一是愿意从小做起，知道做小事是成大事的必经之路；二是心中有目标，知道所做小事积累起来的最终结果是什么；三是要有一种精神，把事情从量变带向质变。

▶ 从小事做起，在细节上做到极致

在某届金像奖颁奖典礼上曾诞生一个最有人情味的奖项——成龙大哥为专职负责剧组茶水盒饭工作的杨容莲颁出了专业精神奖。在她领奖时，全场起立鼓掌，这是终身成就奖楚原导演才有的待遇；她发言时，成龙亲自为她扶话筒。

杨容莲专职为剧组提供茶水盒饭，也被称为“茶水姐”，业内则惯称她为莲姐。莲姐入行 30 多年，每天的工作场景就是：当一位演员拍完一条重要戏份后，副导演会用对讲机招呼茶水进场。这时，莲姐就提着一个篮子疾步走进来，篮子里面装着很多杯子和半湿润的面巾。她熟练地把饮料和面巾递给演员及工作人员。大家休憩一下后继续拍摄，她又迅速地把水杯和用完的杂物收拾

利落，退回到自己的位置，洗刷水杯，重新补充茶水，润好面巾。每个步骤兢兢业业，却又悄无声息。莲姐为了把这项简单的工作做好，把剧组里监制、导演、演员、场记、策划、摄影、灯光师等每个人的喜好记得清清楚楚，而且对茶饮的温度、咖啡的口感、面巾的舒适性等每一个细节都把握到位，让每一个被服务的人都感到贴心。在一个最平凡的岗位上，一件最微小的事都能成为 Big Thing（大事件）。

世界上所有的大事都是由一个又一个的小事组成，就像湖泊是由一滴一滴的水珠汇聚而成。现实中的小事通常是枯燥单调、烦琐而累心的。长时间重复地做一件短时间内似乎看不到价值的小事，这本身就很反人性。因为在数万年的人类进化过程中，人总是更愿意做一些在短时间内能带来及时反馈的事情，更愿意尝试一些新鲜而有意思的东西，这些都写在人类的基因里。但是假如你克服了基因的束缚，能兢兢业业、日复一日、精益求精地投入，把每件小事都做到极致，让自己满意，那么最终所谓的大事必然水到渠成。

▶ 如何让自己超出 CEO 的预期？

一个会做事的人，内心都有一盏明亮的灯塔。他很清楚自己的目标在哪里，也因此会引导、调整自己的行为去接近这个目标。而且正因为心中有目标，也更能驱使自己去投入激情和热爱。在每一个专注的事情上倾注热情，量变将带来质变。

美国第四大家禽公司——珀杜饲养集团公司 CEO 弗兰克·珀

杜（Frank Perdue）回顾他的经商故事时曾讲到，他 10 岁时，在马里兰州索乐斯堡经营家禽饲养场的父亲，给了他 50 只剔除优质鸭种后的劣质鸭，要他喂养并自营售蛋业务。这是一种一周七天都要干活的工作，每天都要添食，搞卫生，把蛋捡好然后分等。另外还得留意饲料消耗情况与行情，以便及时买进 50 公斤一袋的新饲料。在他的精心照料下，这些劣质鸭茁壮成长。不久，这些鸭的产蛋率超过了他父亲的优质鸭种，他每个月平均可收入 15 美元左右。

父亲开始不相信，但他亲眼看见弗克兰把鸭蛋拿出去卖时才开始夸奖他。后来他开始帮助父亲管理部分鸭场，事实证明了他的管理能力和销售能力：父亲交给他的几个养鸭场的效益超过了自己管理的其他家禽饲养场的效益；直到 1984 年，父亲将整个家禽饲养场全部交给他管理。

父亲相信弗克兰的管理能力，因为他看出了弗克兰工作的细节，他对弗克兰的评价是：能把注意力放在可以做到的一些小事上。

其实弗克兰成功的部分奥秘归功于认真观察，当时他对这些劣质鸭的生活习惯一点儿也不了解，所以只好认真地观察它们。他发现，当一只鸭笼里关的小鸭少了，小鸭吃得就多，成长得就比较快；但是太少了又太浪费鸭笼。于是他找了个最佳结合点——每只笼子里养九只仔鸭，结果他成功了。他后来的一切智慧，其实无非都是在这个基础上更好地思考或者努力而已。而把注意力和精力放在能做好的一件小事上，增强了他对整件事情的把握。

人总是喜欢听“屌丝逆袭”的故事，也喜欢听小概率事件的传奇故事。人总是希望，在某一个瞬间出现某一个事情，自己突然醍醐灌顶，然后就功成名就了。这其实不科学。现实很残酷也很科学，沿着自己优势较大的方向做事情，才更容易成功。

04 如何把业务搞懂？

HRD

如何理解文化价值观和战略？

▶ 文化是企业的灵魂

HR 作为公司的基因工程师和灵魂工程师，开展专业工作的首要前提是理解公司文化及价值观，并理解业务的战略方向。公司的文化如同公司的 DNA，组成了这家公司最底层的东西。DNA 链不断编织，生长出公司的使命愿景。只要 DNA 链条上的成分有一丝差异，最终形成的物种就会千差万别。

记得阿里巴巴合伙人彭蕾在一次采访中讲，她去美国考察公司后回来的第一感受就是："一个好的公司里有种爱在流动。"一伙人在共同的理想信念下聚在一起，在做事的过程中慢慢形成默契。在做事的原则和方式上大家有了趋同的态度和看法，这些行为就是企业文化。企业文化藏在身后，隐于无形，但是又无处不在。HR 在其中可以学习感觉，让文化慢慢"长"出来，因势利导，形成体系结构。HR 可以成为公司文化的传承者和引路人。

文化既虚又实。HR 如何让文化由虚到实？举个例子。某家公司的文化中有一条是拥抱变化。HR 可以因势利导地对拥抱变化的行为给予配套支持。比如，在绩效评估中增加创新维度或提高权重，虽然很刚性，但是这种先僵化再优化的方式，可以很好地引导全体员工真正重视并修正自己的行为。同时可以请管理层对员工拥抱创新和变化的行为给予肯定，对变化带来的挫折困难能积极调整的员工，要给予其鼓励和表扬。另外还可以设立奖励制度，对工作带来新办法、新思路以及对绩效有提升的行为和项目要给予大力表彰嘉奖。

不仅如此，软性的措施也需要。比如，引导领导层以身作则，以开放的心态看待变化，去创造变化、拥抱变化。在前线战斗中，以高带低，以老带新，让拥抱变化不只是一句挂在墙上的口号，真正让大家真诚用心拥抱它。

记得当年海航集团企业文化纲要《同仁共勉十条》中有这样几条：诤议以宽恕为旨要，长幼以慈爱为进德，待人以至诚为基石。讲的就是公司对待外部客户和内部员工的态度和原则。这些标语不仅张贴在公司的墙上，也深入每位员工的骨髓里。在航空公司，航空安全是第一要务，因此任何违反航空安全的行为都会受到严厉惩罚，公司管理层和员工一视同仁。当年因为一次严重的安全违规事件，公司管理层被直接从最高层一撸到底降职为一线普通搬运工，去仓库搬运货品。但同时公司也提供安全、文化和管理相关的培训学习机会。管理层和员工一起反省学习，真诚沟通，经过一段时候验收合格，公司会优先接受这些人“东山再起”。在整个事件处理过程中，公司给大家提供家长式的关怀，大家庭里既有严格的家法家教，也有家庭式的温暖。冷冷地挂在墙上的文化通过发自善心、开诚布公、面向未来的行动而落地生根，让文化成为森林。

文化 DNA，生长出公司的使命和价值观，而使命和价值观其实是公司的初心。我们常说回到初心，其实也就是让大家不忘本。在这方面，更需要 HR 付诸行动，因势利导，推出符合公司的措施。

▶ 如何理解战略？

1. 什么是战略？

执行不到位的正确战略依旧高于执行满分的错误方向。奈飞（Netflix）的 CEO 就说过："因为动作太快而死的公司十分罕见，而因动作太慢而死的公司比比皆是。"

战略是一种选择，是在多个均衡中提供胜算的最优解。比如，日常生活中，你的孩子选择上家门口的小学还是去其他区上小学？初中毕业后选择读职业技术高中还是读大学？选择什么专业？工作后选择进大型企业还是去创业公司？是考虑出国移民还是留在国内？企业也是如此。今天公司的主营业务是消费品，但激烈市场竞争逼迫你做出选择：是要继续聚焦主业，还是要多元化发展，开辟新的战场寻求更大的优势？如果选择对了，前景光明，选择错误则全盘皆输。

所以说，选择比努力更重要。

HR 需要争取在公司的战略会议上拥有一席参与机会，去理解战略构思的过程，从而帮助 CEO 做出正确的选择。而能参与到公司战略会议中，就需要 HR 在决策层心中积累起自己的信用，获得信任，让 CEO 相信 HR 能从人品和专业上真正帮助公司取得成功。HR 需要关注的战略问题包括：公司目前面临的市场环境如何？公司真实的竞争优势在哪里？公司的客户有哪些变化？公司采取什么策略以及拥有哪些思路可以实现战略？理解清楚这些逻辑之后，HR 也就有了方向。

2. 如何做选择？

《孙子兵法》中有一句话：知彼知己，胜乃不殆；知天知地，胜乃不穷。这或许是最早提出的内外部环境分析的思想。贝叶斯统计的创立者托马斯·贝叶斯（Thomas Bayes）就明确地表达过："我们越了解一家企业，对其成功概率的估算就越精确。"在任何场合都是一样，如在篮球比赛中，资深球迷一旦听说是哪两个队伍参赛，脑子里就自动反应出两个队伍的比赛历史和比赛球员等数据信息，对胜负率也能做一定程度的判断。所以企业战略往往也需要这样的数据。

掌握了充分的信息后，下一步需要分析框架和模型。这里就不得不提到大名鼎鼎的迈克尔·波特提出的五力模型，这可是个经典分析框架。这五项力量包括：同行业内现有竞争者的竞争能力、潜在竞争者进入的能力、替代品的替代能力、供应商的讨价还价能力、购买者的讨价还价能力。五力模型能有效帮助企业做好竞争环境分析从而决定到底要聚焦集中，还是要走差异化等道路。

但是，实际上因为信息不对称，行业发展的竞争态势越来越波动，五力模型对公司做选择的适应价值越来越小。SWOT 分析同样如此。有时候选择坚守优势就是明智的选择，但有些情况下固守优势反而延误了变革时机导致失败，这就是所谓的“路径依赖”。最典型的例子就是柯达，“柯达直到破产那天，仓库里的胶卷依然是世界上质量最好的，只是世界不再需要它们了”。说到这里，我们并不是要抛弃这些分析框架和模型，而是说我们处在一个很复杂的环境中，需要审时度势，综合考量后再做出选择。

考量后选择的终点是你的目标，而原点是你自己的优劣势、你可利用资源的多寡以及你的执行是否到位，等等。

3. 如何实施战略和执行？

《从优秀到卓越》的作者吉姆·柯林斯（Jim Collins）说，“卓越的公司与平庸的公司都拥有战略。卓越的公司在战略制定方面也不会花费更多的时间，秘诀在于战略的有效实施”。研究发现，在大部分企业，只有 10% 的战略得到了有效实施。HR 需要理解的是，要想战略实施顺利并取得效果，有几点需要特别关注。

（1）战略传递。很多企业老板说，我们公司的战略很清晰，公司内刊都有刊登，办公室墙上也很醒目地张贴着，公司各种会议不断强调，大家应该都很清楚了。可是事实是非常令人沮丧和遗憾的。一个典型的例子是一家公司花几百万元请了一家知名管理咨询公司帮助公司做了清晰完整的 N 年战略规划。老板谈起公司战略如数家珍，非常自信，但是只要稍做实际调查，就会发现很多情况下大部分中层管理者都没理解或理解错了，中层管理者都只站在自己部门的角度去看待公司战略。战略要经过管理层的充分讨论，并达成共识。战略要在各层级部门中充分传达，达成共识。

（2）利益。战略其实是使企业从一个均衡状态转向另一个更好的均衡状态。既然是均衡状态，说明企业的员工已经适应了稳定的工作、节奏、生活，想要做这样的改变，就会打破他们熟悉的环境，甚至会侵蚀他们的利益。那么战略在实施过程中，就会遇到这些人的阻力。因此战略实施之前，要把公司内部的利益相关者梳理一遍，分析一下谁会支持，谁会反对，“团结一切可以团结的力量，对付共同的敌人”，建立统一战线，壮大改革发展的阵营。

（3）战略分解。战略要分解为目标、任务和计划，与部门 KPI 挂钩，并拆分到团队和个人的 KPI。在这个过程中，战略的沟通是持续不断的，可以不断地检测员工对战略的理解。具体做法可以是：抽问任何一个人，他或他所属的部门今年需要完成的两项到三项关键任务是什么，答案应该总是与整体战略以及部门在执行这些战略中所扮演的角色相关。

（4）战略保障。战略是要保证投入的，要在流程、组织结构和资源配置上适配战略的需要，不能因为短期急迫的事情而不去投入战略所需要的资源。在战略落地过程中，要日常监控、管理战略目标和计划，不断纠偏和优化。战略的保障首先需要调动大家的使命感和责任感，调动参与度，配合绩效管理工具、奖惩管理工具等手段。

战略实施的路径不同，指令型是从上到下，参与型是从下到上，还有就是两者结合。

麦肯锡关于战略的巨著《突破现实的困境》中说到，在分析了 2393 家全球企业在 15 年之间的业绩数据后，发现经济利润是一个衡量企业业绩的好指标，而在所有战略制胜的决定性因素中，自身优势约占 30%，趋势约占 25%，采取的措施约占 45%。提升成功概率 = 利用自身优势（30%）+ 把握正确的趋势（25%）+ 采取重大举措（45%）。占比最大的制胜因素还是执行。优秀的战略从来都不是唾手可得的，需要做的是在走了无数的弯路之后，不断克服短视、懒惰与逃避，然后迎来胜利的曙光。

如何将战略转化为业务目标？

2003—2005 年，互联网还处于门户时代，新浪新闻凭借全面、快速、海量、客观的战略以及强有力的执行力在用户量上一枝独秀。搜狐新闻面临极大的压力。当年的搜狐管理层提出了“Beat Sina！”（打败新浪！）战略。搜狐挑战新浪分两个战场：一是新闻主战场，实时新闻这一块不能放，与新浪对等竞争；二是观点战场，即搜狐视线，表达自己的声音。同时搜狐将新闻拓展到资讯和垂直，不仅将海量、平面的新闻变成结构性、深度性和观点性的新闻，还让新闻丰富化，更好看。

基于这个战略，公司内部简单算了一笔账：公司主营收入是信息服务收入［也即传统的 SP（服务提供者）无线增值服务］和网络广告收入。这两项收入的毛利润都非常高，接近 70%。而成本主要是人员成本和推广成本，比较恒定。互联网业务的主要成本即获客成本在当年很低，可以忽略，而版权成本几乎为零。这也使得这个战略的财务模型非常好看。业务目标由此确立了：要在一段时间内将核心指标［PV（页面浏览数）/ UV（独立访问用户）］从现状的不到 25% 提高到新浪的 60%（实际上 2006 年达到了 80%），在主流的互联网用户市场的新闻影响力要接近新浪。

为了帮助业务尽快达到指标，一些业务策略由此而生。比如，为了在实时新闻上拔得头筹，当时搜狐购买了许多国外专业新闻社的接口以加快新闻推送，当然 HR 也设置了许多专项奖以奖励在实时新闻上超过新浪的新闻，且都是实时发奖金的奖励。同时公司也与许多传统媒体特别是垂直类媒体合作，并组建了专业观点新闻团队来发出搜狐自己的声音。为此，搜狐专门挖来许多来自传统媒体和垂直媒体的中高端人才。

HR 跟总编辑特别是各位主编天天泡在一起，讨论业务策略和实际问题如何解决。在此期间，HR 帮助他们把 KPI 分解到每个子部门，让 KPI 能落地生根。为了激发大家的斗志，让公司资源向优秀绩效的行为倾斜，HR 与总编辑一起改革了绩效体系。新的绩效体系显著拉开了业绩好与坏之间的差距，当年甚至让绩效垫底的 5% 员工的浮动奖金为负数。实际上，回头看这些绩效的改革都取得了显著效果，被沿用多年。

因此用一句话总结：一切不跟业务目标结合的战略都是耍流氓。战略就如同你脑海里的想法，如你想吃什么，想去哪里。如果不结合业务目标，就如同你不确定要吃什么、不确认想去哪里一样，你的身体实际上无法做出任何行动。HR 在帮助战略分解及与业务目标结合方面其实可做的事情很多。

1. 财务分解

财务分解如同做算术题，不同的是只有一个假定的答案（而且没有标准答案），公式中的其他因子都在变动。财务分解的三个核心目标是收入、成本和效率。比如，公司明年的目标是收入达到市场份额第一名，利润率超越同行平均，假定竞争对手的市场增长率后，我们可以测算出公司年度收入、利润目标。下一步是根据收入、利润与业务策略的关系做出财务模型，将财务模型推算出的目标分解到一级 BG 或 BU 部门并层层向下分解。

2. 客户分解

彼得·德鲁克提到，企业的唯一目的就是创造客户。我们至少应从两个角度去分解。

（1）客户分层，并将收入、利润与各层客户挂钩。HR 可以在组织架构和激励方式上提供配套。比如，销售团队架构中大家常见的架构有：KA（重点客户）团队、常规客户团队、电话销售或小客户团队。KA 团队可能配备的是独立的服务团队，提供 VIP 一条龙服务。常规客户团队提供 1 vs 1 或 1 vs N 的支持服务，但是共享服务支持中后台。而电话销售或小客户团队提供的是标准流水线式的工作流，批量处理。相应地，针对三种类型团队的激励模式也大相径庭。

（2）品牌及服务升级。公司的价值就在于能持续为客户提供更有价值的服务，并强化品牌，给客户提供一体化保障。这就需要 HR 在文化、敬业度以及对客户服务的质量上提供配套的文化落地、激励支持等项目。这一点我们在后文可以详细探讨。

3. 内部流程分解

在财务分解和客户分解后，我们其实已经推导出公司每个部门的目标和策略，以及站在公司整体视角下的最优业务流和控制机制。HR 需要做的是，以上帝视角来看待整体的最优。对于稳定性的流程需要固化以形成操作规程，而且在每一个阶段，稳定性的流程应该能占到公司整体主要流程的一半以上，才能保证公司提供的产品和服务质量是稳定且保质的。此外，市场环境一直在动态变化，因此所谓的最优流程也会不断变化，我们的内部流程也需要动态调整。

4. 学习与发展分解

这其实是 HR 最重头的任务，也是 HR 自身战略目标产生的源头。这里面有几个问题需要自问：

（1）我们公司的文化如何落地才能支持公司的战略目标？

（2）我们的组织架构是否合理？

（3）找到或者储备业务发展所需要的最核心人才了吗？

（4）我们是否为人才准备好了应有的环境和条件？

（5）我们是否拥有良好的绩效文化让人才充分发挥，并且提供给人才良好的发展空间？

如何从业务目标推导出业务策略？

▶ 5W2H 提问法

要探寻问题的本质，需要掌握提问的技巧。在 CEO 提出需求时，首先需要给予第一时间的积极回应，但同时可以尝试多提几个为什么的问题。比如，为什么 CEO 提出了这点需求，背后更深层次的目的是什么？为什么 CEO 认为团建能解决问题，团建是否能解决根本问题？还有没有其他解决问题的方式？

这里，提问的技巧就显得无比重要，5W2H 提问法是我们最常用到的提问办法。

- WHY（为什么）：为什么要这么做？理由何在？原因是什么？
- WHAT（是什么）：目的是什么？做什么工作？
- WHO（谁）：由谁来承担？谁来完成？谁负责？
- WHEN（何时）：什么时间完成？什么时机最适宜？
- WHRER（何处）：在哪里做？从哪里入手？
- HOW（怎么做）：如何提高效率？如何实施？方法怎样？
- HOW MUCH（多少）：做到什么程度？数量如何？质量水平如何？费用产出如何？

一句话总结就是：什么原因（WHY）导致什么事情（WHAT）需要哪些人（WHO）在什么时间（WHEN）什么地点（WHERE）用什么方法（HOW）完成，所需资源有多少（HOW MUCH）。

▶ GAPS 策略框架

梳理一下如上问题，我们可以细化一个业务策略分析的框架：

分析步骤		业务	HR
G	理想目标	业务运营目标（应当达到状态）	达到目标的绩效要求（应当达到状态）
A	分析现状	业务现状	绩效现状
P	探求原因	组织外部因素 组织内部因素	组织内部人员能力需求
S	选择方案		

图 4-1 GAPS 策略框架

GOAL（理想目标）：业务的目标和需求是什么？衡量业务运营目标的标准是什么？人的绩效需求是什么？人要实现目标应该具备哪些具体的行为？

ANALYZE（分析现状）：业务运营的目标如何？可衡量的业务运营现状是什么？人的实际行为如何？跟目标一一对应的差距多大？

PROBLEM（探求原因）：是否是公司外部原因，抑或是内部原因？内部原因中有哪些是可控的？有哪些是人的因素或组织因素引起的？

SELECT（选择方案）：选择最险最难的那条路，还是选择捷径？

如何将业务需求翻译为 HR 需求？

在你搞清了以上所有问题，准备给业务部门提供一揽子解决方案之前，还有个问题就是将业务需求翻译为真正的 HR 需求。

国内有一家中型生鲜电商公司，为顾客提供从原产地到餐桌的一揽子生鲜解决方案。生鲜产品的产业链条特别长，从原产地的田间地头开始要跟种植的农民打交道，分销环节需要跟各级批发商、分销商打交道，中途生鲜的仓储、物流需要跟仓运企业沟通，还有线上线下营销，以及到店、到餐厅最终到消费者餐桌，整个业务链涉及的企业非常多，公司内部对接的部门也非常多。因信息不对称，部门之间的摩擦一直很多，加上有一些历史原因，部门之间的壁垒越来越高，部门协作效率十分低下，这让 CEO 非常苦恼，一直想寻求解决的好办法。

后来一位企业家朋友给 CEO 提了一个建议：做团建。听完建议后，CEO 第一时间把 HR 负责人叫到办公室，要求立刻给各部门做团建。HR 得令后马上行动，先给各部门组织了一系列丰富多彩的团建活动，获得了各部门从上到下的一致好评。HR 再接再厉，将团建制度化，并全年排期执行。但是后来 HR 发现团建还在继续，只是 CEO 要解决的部门墙问题依然没有好转。团建在初期对缓解部门矛盾的作用非常明显。因为大家一起出去爬过山，一起唱过歌，一起喝过酒，情感上有了积累，回到公司后怎么说也得给对方一些帮助作为回馈。但是效果衰竭得很厉害，过了不久，部门利益战胜了情感的回报，部门墙的问题又卷土重来。

站在 HR 的角度，始终有一个问题需要回答：到底 CEO 心中的需求是什么？是 CEO 口口声声交代给你要做的团建吗？

▶ 运用"第一原理"思考

埃隆·马斯克曾经提到，他之所以能够在多个领域取得成功，来自于他对第一原理（First Principles）的思考。第一原理的思考方式本质上是从物理学的角度看待世界的方法，也就是说一层层剥开事物的表象，看到里面的本质，然后再从本质一层层往上走。

那么在上文提到的案例中，CEO 需求的"第一原理"是什么？

首先要明白，CEO 的根本目标是带领公司的生意取得成功。而生意的本质是公司利益最大化，这里面可以包括公司的商业收入最大化，公司的商业利润最大化，公司产品的市场占有率最优，以及公司产品对用户价值的最大化，等等。CEO 一定是站在全局和长远角度取整体最优。但是到某一个具体的部门，如销售部门，他们站在部门利益最大化的角度，就会追求短期收入最大化。

比如，在互联网公司，产品技术部门和销售部门往往协作难度比较大。借用一句俗语：屁股决定脑袋。大家坐在不同的位置上，承担的目标不一致，因此避免不了冲突。对销售部门来说，我有不同的客户，不同客户就有不同的个性需求，而且客户需求随着市场竞争越来越激烈而变化越来越快，这就对产品技术部门提出了非常多的要求，这是理所应当的任务。而产品技术部门的KPI是对用户的吸引、留存，让用户更满意。很多增收的措施如增加广告位置本身对用户的客户体验和留存是有负面影响的，因此产品技术部门非常抗拒做这些工作。在这种情况下，寄希望于两个部门实现良性协作是非常困难的。在原有的思考框架下，我们总是从一些非本质的方面去解决这个问题。比如，HR帮助创造一些团建的机会，让双方团队一起产生熟悉和信任的情感，从而缓和刚性的要求，又或是对双方的支持帮助行为给予一定的物质和精神奖励，让互相协作能得到一定的回报。诸如此类的措施有很多种，但是慢慢会发现这有点像打兴奋剂，一开始效果很好，但是效果很快消失，没有持续性。

因此从第一原理思考，就是在本质上如何创造一种双赢的机制，从这个原点向外延展思考。我们可以试着想一个道理，优秀的内容和产品一定不会缺少关注，而只要拥有关注，就一定能创造更多的广告价值。如果从这个原点思考，就把销售部门和产品技术部门的共同利益绑在一起了。如何设计激励产生更好的内容、更好的产品才是我们需要思考的，而更好的内容或产品又需要体现出一部分商业的价值。

销售部门和内容编辑部门的冲突也是同样的道理。销售部门希望可售卖广告尽可能多，尤其希望内容编辑部门要多报道自己的客户，让客户的信息尽可能占领用户浏览的页面，而对于客户的负面信息，内容编辑部门要尽可能避免报道和渲染，以保证客户利益最大化，从而让客户多投放广告。而内容编辑部门则希望有独立价值观，通过专业报道获得用户读者的认可，销售部门通过用户产生商业价值。两个部门的利益在短期内是矛盾冲突的。如果不解决这个根本问题，其他的手段都不能让大家力往一处使。

如果从第一原理思考，就需要解决公司利益最大化问题。为此先要解决部门利益与公司利益的协调一致。首先要由上而下将公司目标与下级目标对齐，同时由下而上集合部门和员工的利益和诉求。公司员工能理解公司的长期目标，认可公司的价值观，就会从根本上去调整自身行为，保证公司利益和目标达成。同时，对公司长远利益有利的事情，如果部门利益短期受损，公司要给予制度性的补偿，让大家看到实现公司利益最大化是最重要的，不能伤了同行者的心，让“老实人”吃亏。

除此之外，也需要建立起部门之间的情感纽带。这种情感纽带也是围绕刚才说的公司目标和部门目标的。如果大家能与其他部门一起找到合作项目，在合作中创造利益，从而验证部门的价值，何乐而不为？而团建是实现上述目标的“润滑剂”。

▶ 从双赢或多赢出发

无论什么问题，背后的根本原因都来自于利益不一致。解决利益不一致的根本之道就是要将着眼点集中，从双赢或多赢出发，解决根本问题。

1. 统一目标

战略目标和具体年度指标要统一。公司各个部门的年度发展指标需要与公司的战略目标方向一致并挂钩。公司要十分清楚，在实现公司战略目标、占领目标市场、达到目标市场份额的道路上要跨过哪几个阶段。从年度指标到跨越每个阶段的可靠路径是什么。举个简单的例子：公司的年度目标除了产品增长目标外，收入利润的增长应该是永恒目标之一。如果要保证战略目标一致，就需要先让所有部门包括产品技术部门的高管的 KPI 与公司收入或利润挂钩，并需要将部门 KPI 层层分解，让 KPI 落实到前线部门的具体行为。

2. 利益共赢

要保证大家的利益共赢，HR 需要设立两个原则：ROI（投资回报率）正向和效率兼顾公平。

所谓 ROI 正向，是指我们需要按照商业经济的方式，将所有的工作（违法除外）分成输入和输出两个端。所有工作的成本包括机会成本、隐形成本都是输入，所有工作的产出都是输出。只要输出大于输入，这件事就可以尝试并择机扩大杠杆。比如，我做一个销售项目可带来 1000 万元收入，成本 500 万元，毛利润

500 万元，但此项目会导致 1 万名活跃用户（平均生命周期为 7 天）的流失。假定获取和包活 1 万名活跃用户成本≤ 500 万元，那么这个项目就可能值得做。

效率兼顾公平是指，一旦确立了目标责任，则需要根据贡献大小进行分配。比如，上述提到的 1000 万元的销售项目，最大的贡献者是销售部门和内容编辑部门，那么他们需要拿走大头的激励奖金。产品技术部门在本职工作之外支持了项目的正常开展，可以参与分享项目奖金。

3. 执行满意

利益分享机制设计完后，需要有人监督执行，并随时调整效率与公平、长期利益与短期利益的最优平衡点，保证公司在主航道前进的路上，顺便把路边的果实给摘了。这里需要检查两个点：一是检查设计的利益共享机制与大家的共同目标一致，机制本身没问题；二是检查执行确实落地到位并能随时修正。

05 如何找到和解析问题？

如何定义问题？

先讲两个小故事。曾经听一位女士讲了一个故事，她的一个闺蜜找她抱怨，说不太喜欢现在的男朋友了。她没过脑子，直接说那赶紧分手换一个新的吧，还特别细致地帮闺蜜分析为什么要换新男友。结果友谊的小船马上就翻了。后来她才了解到闺蜜的男友只是最近工作忙忘记给闺蜜打电话了而已。

另外一个真实的故事是这样的。一家成长型的互联网公司老板最近一直忧心忡忡，因为公司的收入一直在下滑。老板很焦虑，于是找到了销售总经理，希望讨论下收入如何提升。销售总经理为老板分析了销售收入下滑的主要原因是竞争对手的低价倾销政策，并给出了对应建议，提升核心代理商的佣金（相当于提高公司成本），同时铺更多的销售、BD（商务拓展）人员去抢夺更多市场。一切都合乎逻辑，于是老板批准了计划。

半年过去了，销售额增加了接近 70%，但是净利润下滑了 100%，并开始净亏损。竞争对手跟进了提高佣金的策略，导致整体市场的运营成本直线上涨。而且，代理商因为佣金刺激提高了目标收入，也配置了许多客服人员，人员成本也在上涨，正期待着收入规模的增加来摊薄成本，提高利润额。

公司陷入了两难境地，到底要不要跟进这个策略？不跟进，市场立刻被竞争对手拿走；跟进，公司亏损扩大，一切显得不可持续。老板陷入了沉思。

通过这两个故事我想说的是，我们遇到问题后，第一件事不是马上做，而是先搞明白到底是什么问题，如何定义问题。现实中人性的本能恰恰是马上做出反应，容易“头疼医头，脚疼医脚”，没有定义问题就立即行动，结果在错误的方向上浪费了太多时间。

▶ 什么是“问题”？它是如何产生的？

还记得我们之前提到的 GAPS 分析框架吗？我们运用 GAPS 框架分析了理想目标和实际现状之间的差异。假设理想目标和实际现状之间没有差异，你觉得大家还需不需要提出问题？其实结论很简单：问题就是理想目标与实际现状之间的差距。正是差距让 CEO 感受到了问题的存在。

现实中，大部分人没搞清楚问题的主要原因是不知道期望目标是什么，所以也就无从下手，不知道自己该向哪个方向努力。每天埋头苦干或随波逐流，自然不清楚什么是问题。还有一部分人不知道自己的现状在哪儿，也就不知道从哪儿开始启动。当你帮他分析问题在哪儿的时候，他的第一反应可能是：我哪里有问题了？这也是很要命的。我们寻求问题的解决方案，都应围绕差距来展开。找不到这个差距部分，我们的解决方案也就无从开始。

要解决一个问题，你得先弄明白问题到底是什么，并精确描述出来，别急于给方案。

▶ 如何精准描述一个问题？

1. 明确目标期望值

首先明确理想目标是什么，然后考虑如何使这个目标变得可衡量。同时，穷尽各种可能性，将理想目标在正常条件下和极端条件下的可能性都描述出来。

2. 精准定位实际现状

（1）要精准定位实际现状，就得使用更多维度的视角来定位。比如，前文提到的销售收入下滑问题，我们在定位的时候，就至少需要考虑前几年的销售收入如何，今年和明年的整体市场行情如何，以及整个市场发生了哪些变化；除了销售本身的问题之外，我们的产品质量如何？市场渠道如何？内容支持如何？公司的成本预算如何？市场竞争对手发生了哪些变化？

（2）记得使用事实来定位，而非观点。如果你对销售总经理说他的销售业绩很差需要加强，这是观点。但是如果你说他的销售业绩是 800 万元，比目标低了 200 万元，这是事实。每个人心中的那杆秤不一样，就像每个人对冷的感受不一样。因此必须使用明确的事实来定位，这样大家才能校准定位到一个点上。

3. 精准描述目标和现状之间的差异

继续谈销售业绩的问题，如果你问：你上上个季度的业绩是

900 万元，上个季度完成了 800 万元，这个季度看趋势还在下滑，咱们一起坐下来聊聊，看如何在下个季度将收入达到 900 万元。不用更多的语言，问题就如同港湾的灯塔，照亮了各自的心扉，让大家更容易聚焦并思考如何找到正确的解决问题的办法。

如何诊断问题？

桥水基金创始人瑞·达利欧（Ray Dalio）写了一本很著名的书——《原则》，其中提到：在遇到问题时，人们最常犯的错误是把遇到的问题当成一时的差错，而没有借机对机器的运转进行诊断，以便实施改进。或者人们未能把这次诊断中吸取的教训与之前的教训联系起来。他们及时动手解决了问题，却忽略了问题的根源，导致失败频频发生。全面准确的诊断尽管耗时要多一些，但对未来大有好处。为了做好问题诊断，需要先问以下问题：

- 结果是好是坏？
- 谁对结果负责？
- 如果结果不好，是因为责任人能力不够还是机器设计有问题？

在瑞·达利欧看来，问题的产生一般来自如下原因：

- 离问题太远；
- 在辨识低素质、低质量方面能力欠缺；

- 感受不到问题的严重性，对问题习以为常；
- 对工作太自负或自我意识过强，不愿意承认解决不了自己的问题；
- 对承认失败的不利后果感到自负。

因此，诊断的动作是辨别问题的潜在原因并找到本质。比如，销售收入下滑的出现到底是销售力不好，还是销售模式遇到了严重挑战？抑或我们没有跟上市场竞争的要求？我们要诊断并缩小问题起源，为下一步的工作提供依据。

如何拆解问题？

一堵墙的两边分别排列着开关和电灯，一个开关控制一盏灯的亮灭。如果墙的两边只有一个开关和一盏灯，答案不问自明。如果有三个开关和三盏灯也容易发现规律。但是如果增加到 50 个开关和 50 盏灯，去精确判断到底哪个开关控制哪盏灯就非常非常困难。

现在的问题都是复杂问题，一件事情里有特别多的影响要素，如果不进行拆解，就如同上面的实验一样，很难有答案。解决问题的能力，其实就是把一个大目标拆解成小模块，并根据不同模块调用相应的思维框架、资源和解决方案来达成目标的能力。因此，首先要具有的就是问题拆解能力。

▶ 问题拆解三步法

- 纵向拆成各自独立的模块，调用相关模块对应的思维框架进行思考和判断；
- 横向拆分各独立模块为具体步骤；
- 纵向模块和横向步骤在时空上叠加整合。

▶ 实例演示问题拆解

我举个例子。还是前文这家互联网公司，公司今年效果广告（广告主为可衡量的效果付费）收入下滑严重。CEO 找来销售总经理讨论对策。CEO 首先将问题归因于销售力不好、销售们不够“狼性”，销售总经理立刻证明销售的能力水平没问题，销售开拓客户的种种事实证明大家很拼，工作已经把大家压榨到极致了。后来 CEO 和销售总经理又将问题归因于竞争对手的低价倾销政策，然后一致同意跟进竞争对手策略提高代理商佣金……后面的结果大家都知道了。

收入是由非常非常多的因素综合而成的结果。不同因素同时作用并对收入产生影响，并且不同因素之间相互影响，因此如果我们用混沌的方法去看这个问题，恐怕是很难理出头绪的。但是如果用我们拆模块、拆步骤的方式看问题，就相对容易多了。

1. 纵向拆解

收入可以分为如下几个大的模块。

（1）用户产品里的用户数：需要考虑如何提升用户产品的用户

数，如 DAU（日活跃用户）/ MAU（月活跃用户）、PV（浏览量）/ UV（访客数）/ VV（播放数）、用户消费 / 停留时长、用户的消费次数等。没有用户数据，广告就如同无根之木，无源之水。此时，我们用户产品部门的目标就十分清晰了。

（2）商业系统里的商业可售卖库存：如果用户产品里只有新闻资讯而没有广告，那广告收入自然无从而来。所谓可售卖库存，就是可以开通广告位，且可以向客户售卖的广告位置或者资源。

（3）可售卖库存售卖率：可售卖库存到底有多少被卖出了，这是衡量销售效率的重要指标。效果广告售卖在许多情况下是通过一个如同证券交易所的竞价系统进行的，按照买卖双方一致认为合适的价位进行交易。为了维持场内交易的利益最大化，也需要更多的广告商进场来真实竞价并烘托竞争氛围。

（4）不同位置的 CTR：CTR（Click-Through-Rate）即点击通过率，也指网络广告（图片广告 / 文字广告 / 关键词广告 / 排名广告 / 视频广告等）的点击到达率。CTR= 广告点击次数 ÷ 展现量。更宽松一些定义，CTR= 广告点击次数 ÷ 加载量。CTR 是衡量互联网广告效果的一项重要指标。

（5）广告单价：价格是价值的外在体现，也是客户决策的最直接参考。除了独占资源或特殊情况，广告单价一般由市场竞争行情决定，但是各个公司也有一定的自由度去调节高低。最终广告商要的是性价比，也就是物美价廉。如果广告定价明显低于市场价（注意，这里的“明显低于”很可能是广告主综合了你的品牌认知后得出的），那么销售量自然会上涨，反之则下降。单价调节公司利润最大化和销售收入最大化这两根曲线，并寻求综合利益最大化。

（6）损耗率：是指因为特殊原因导致已经确认的广告无法执行而造成的损耗，会对收入产生负面影响。而且，在广告投放高峰时期，广告位置已经排满的前提下，如果损耗率加大导致需要补偿客户广告投放而挤占其他客户的资源，将对短期收入产生不利影响。

简单总结一下，广告收入可以粗略用以下模型公式来表达：广告收入 R=Fx［可售卖库存 × 售卖率 ×CTR× 广告单价 ×（1– 损耗率）］，而可售卖库存与用户产品的用户数据正相关。

看完是不是发现你再来解决广告收入的问题就有了眉目？

2. 横向拆解

可拆解为以下几个步骤。

（1）用户产品：用户产品创造更多的用户数是整个商业模式形成的第一步。因此，关注收入的大前提是要考虑如何保证公司用户数据的良性增长和用户产品的长期利益。先确立几点用户产品发展的原则，如损害原则的收入，宁可短期损失也不能要。从用户产品的目标出发，我们就需要考虑如何提升新增用户效率、提高活跃用户留存率、增长用户的消费时长、提高用户的使用体验等。

（2）商业系统：商业系统是让公司生产的“概念车”变成“量产车”的工厂。商业系统的打造从一般意义上讲晚于用户产品的打造，很多公司都是长期租用其他公司的商业系统来实现收入，待公司的收入规模和能力达到一定水平后再开发自己独立的商业系统。在这里，关键的问题是商业系统的打造不能闭门造车，要充分借用市场上的已有成果，站在巨人的肩膀上创新。检验商业系统的最核心因素就是用户产品到可售卖库存的效率和总销售效率。

（3）市场推广：我们需要让消费者知晓我们的品牌定位，感知我们的产品，引导消费者实际体验我们的产品，并把这些消费者的信息推广给我们的广告商，从中找到匹配。

（4）销售售卖：销售通过自己的销售力感染客户，让客户产生投放，双方形成商业合作。销售售卖是营销过程中最重要也最显性的环节。从过程上来看，销售的售卖应该向前向后延展，更早介入，以及更晚跟踪。此外，销售需要立体销售，也就是要捆绑公司的产品、内容、项目一起营销。这里面可以衡量的是单销售的 ARPU（平均每用户收入）值，以及与市场同行对比的相对位置。

（5）产品 / 内容支持：前文已经提到，现在的营销都是立体营销，不再只是依靠销售一张嘴，而是要联合公司的产品、内容、项目等形成合力，整合营销。

（6）效果回馈：虽然客户的投放结束，但是营销的过程并没有结束。我们需要关注效果与客户期望之间的差距，提升客户满意度从而增加客户留存。这里面需要关注的是哪些效果是我们可以努力通过技术手段及跟客户的协作做到的，有哪些需要以商业利益将客户、合作伙伴捆绑实现共赢。

横向拆分成以上几个步骤后，我们很快就有了一个发展的节奏。

3. 纵向和横向的叠合

现在我们需要以时空为轴，将纵向的模块和横向的步骤结合在一起，找到一条最优的路径和问题清单，并落实为可执行的计划。

如何运用思维框架解析问题？

现代人的大脑是为适应十余万年前的采集狩猎社会环境而进化出来的，但自此以后，人类的认知架构并没有发生本质性的改变。由于脑容量固定，而外界的环境信息无尽，这就需要大脑对外界信息有一个筛选的机制。在进化的过程中，以存活为目标的大脑最终选择了一种模式识别的方式进化。所谓模式识别，就是大脑会将外界环境刺激信息简单归类，给予一个标签并对标签做出反应。比如，凶猛的动物容易夜晚出来袭击人类，各种有毒性的蜥蜴、蝎子也容易爬到人类居住的地方对人蜇上一口。久而久之，人的大脑就会将黑暗与危险联想到一起，从而控制人的身体本能，对黑暗产生恐惧。在野外，狮子和蛇多藏身在草丛中，并且从草丛中穿行出来攻击人类。人的大脑就会将草丛中的声音与危险联系在一起并控制身体提前逃跑。虽然不一定每次发出声音都意味着危险，但是只要有一次危险就有可能致人丧命。那些愿意冒险的人类可能在一次袭击中死亡，而最终容易存活下来的人类就是尽最大可能规避危险的人类。这些零碎的信息经过人类大脑结构化处理并分类后就形成了模式和套路，并产生了极大的价值。套路如同围棋的定式、编程的算法、数学家的公式和科学家的定律，是屡试不爽的客观规律。如果掌握了套路和模式，在大脑中形成思维框架，那么你就拥有了更强的竞争力。

一位围棋高手，在成长的过程中会反复地研习之前其他高手的棋谱和定式，并反复复盘练习。对围棋棋谱和定式学习更多的棋手，也就有更大概率成为一名高手。这些棋谱和定式，也是我们的一种思维框架。在诊断和拆解问题的过程中，我们更需要使用思维框架来帮助我们高效又快速地处理问题。

▶ 定义问题：归纳法

归纳法应该是人类最本能，也是最常用的逻辑归类认知方法，归纳法从一般逻辑上分四步。

- 信息：我们掌握的一些确定的已有信息。为了让归纳更加准确，已有信息的数量和种类越丰富，越能让后面的推论更可靠。
- 模式：筛选信息，总结规律，从信息中总结出特定模式的过程。
- 假设（可检验）：提供一个可以被检验的假设，此假设可以成为后面的原理的充分必要条件。

- 原理：最终得出一个一般性的原理。

举个例子，“黑天鹅之父”纳西姆·塔勒布（Nassim Taleb）在《黑天鹅》一书里有一个最经典的归纳逻辑。

前提 1：欧洲的天鹅是白色的（个案）

前提 2：亚洲的天鹅是白色的（个案）

前提 3：美洲的天鹅是白色的（个案）

……

结论：天鹅都是白色的（由个案归纳出全体）

在发现澳大利亚的黑天鹅之前，欧洲人认为天鹅都是白色的，“黑天鹅”曾经是他们言谈和写作中的惯用语，用来指不可能存在的事物，但当第一只黑天鹅出现时，这个不可动摇的信念即刻崩溃了。

此外，归纳法有一些需要特别注意的陷阱。

- 过去不代表未来。事情是动态变化又一直前进的。即使过去的一切归纳推断都是无懈可击的，但是不能代表未来也一定遵循这个规律。

- 表面不代表本质。很多事情的变化是由内在的本质驱动的，而非外部的表现，如股票的涨跌。

▶ 定义问题：演绎法

演绎法与归纳法是“孪生兄弟”，演绎法从一般逻辑上分四步。

- 原理：事物的一般运转规律是什么，如下雨要带伞。
- 假设：假设一种情况发生，如天气预报说下午要下雨。

- 观察：收集信息，观察确认假设是否发生，如下午真的下雨了。
- 确认：确认结论，如下午需要带伞。

哲学圣贤亚里士多德经典的三段论就是一个非常有名的演绎推理。

- 原理：所有人都会死。
- 假设 & 观察：苏格拉底是人。
- 确认：苏格拉底会死。

此外，演绎法也有一些需要特别注意的陷阱。

- 原理是否是客观的铁律。有一些所谓的“原理”只是知识经验的总结，由此推断出来的结论从根本上可能就有问题。
- 演绎的结论不可逆。这个结论以顺序推断是合理的，不代表逆着推断也成立，这就是所谓充分不必要和必要不充分的道理。

归纳和演绎是结构化思维的最底层的工具。

▶ 解析问题：结构化思维

人类大脑在处理信息的时候有两个规律：第一，不能一次载入过多信息，那样会使得我们的大脑超负荷从而罢工；第二，喜欢有规律的信息。如果我们能够找到一种结构，让我们把大脑中零碎的信息都装入其中，形成结构化的信息，那么我们的大脑将会用一种很高效的方式来处理这些信息。我们把这种信息结构化处理的方式称为结构化思维。

1. 用演绎法由上向下设计结构

比如，前文举例提到的互联网公司广告收入下滑的问题，我们就可以把销售收入按客户类型的维度进行结构化分解。先将客户按类型划分为KA（大客户）、LA（中型客户）和SMB（中小客户）三个类型。然后去看KA（大客户）的问题出在哪儿，用什么样的定制化的销售方法攻坚，同理其他客户也一样。这样，就把一个复杂的问题进行结构化解析，让问题更加清晰。

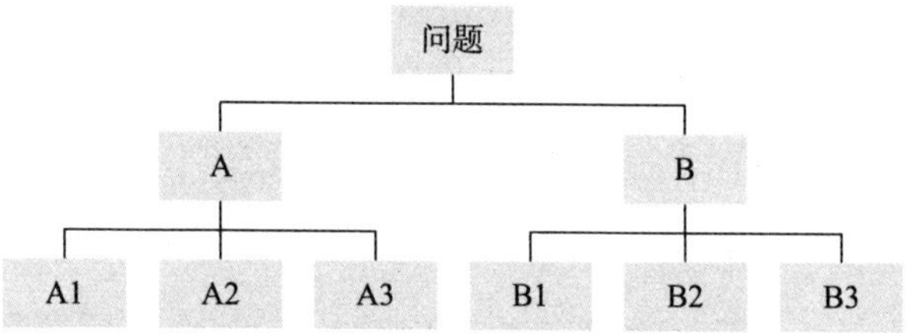

图 5-1　演绎法设计结构

2. 用归纳法由下向上完整结构

还是以互联网公司广告收入下滑问题为例，我们可以分以下几步来完整架构。

（1）头脑风暴：我们找到一个会议室，让大家先打开思维，充分分析收入下滑的所有可能原因在哪里。先不讨论也不下决策，并且拒绝论对错，最大限度让思维走到边缘。

（2）归纳分组：将收集到的所有信息按照一定的分类分组，求同存异，并且分组可以是多维度的。这样基本可以把原因归结到几个大的模块，如用户产品、商业系统、市场推广、销售售卖、产品/内容支持等。

（3）结构化：找出分组后信息的规律，用数据挖掘的方式来挖掘信息的可能价值。运用 MECE 原则对信息的重叠和逻辑问题进行隔绝，形成信息架构树。比如，我们找到的广告收入 R=Fx［可售卖库存 × 售卖率 × CTR × 广告单价 ×（1– 损耗率）］这样一个信息结构。

将由上向下的结构与由下向上的结构拼接合并在一起，自然能得出一个清晰完整的结构。

▶ 解析问题：MECE 原则

MECE 原则，中文意思是“相互独立，完全穷尽”，即对于一个重大的议题，能够做到不重叠、不遗漏地分类，而且借此有效把握问题的核心，并解决问题的方法。

MECE 原则可以在进行结构化思考的时候，对由下向上和由上向下分别拼接组成的完整结构进行梳理，对结构的每一个分层的类别进行检测，让所有层次都处在同一逻辑层，让上下层次合理并减去逻辑重叠的地方，最终形成完善的架构。

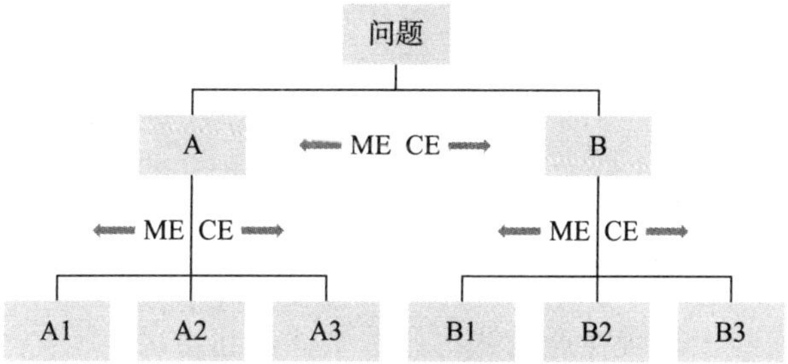

图 5–2　MECE 原则示例

MECE 原则有两条具体含义：

第一条是完整性，说的是分解工作的过程中不要漏掉某项，要保证完整性；

第二条是独立性，强调每项工作之间要独立，每项工作之间不要有交叉重叠。

▶ 挖掘问题本质：第一原理与科学方法论

要确切地找到问题归因和问题本质，可以学习埃隆·马斯克提出的第一原理。

第一原理实际上是物理学的一条原理，之所以在经济领域被广泛使用，完全要归功于特斯拉 CEO 埃隆·马斯克。在他最经典的一次采访对话中，当记者问他如此成功有何秘密时，他答复因为他总用一种思考模式来思考："First Principle Thinking"，也即中文的第一原理思维。

马斯克提到："我在想，存在一种好的思维框架。那是物理学的东西，你知道，有点儿像第一原理推理（first principles reasoning）。总体来讲，我认为存在将事情缩减至其根本实质……你必须能够把那些问题'煮沸'才能从里面找出那些最基本的东西。"简单理解，就是凡事回归本质原理，抓住本质，重新推算，由内而外一步步推演，直到找出解决问题的最终办法。这种由树根向树枝方向移动的思考方法，会比较容易穷尽可能解决问题的所有方法，从而找出隐藏在通用解决办法中的创新想法。因此通常意义上，第一原理十分适合创新思考。第一原理的思考路径大致可以用图 5-3 所示的鱼骨图来表示。当你从第一原理的树根从左向右的树枝方向捋的时候，你除了解决路径 1 的问题，也容易发现路径 2、路径 3、路径 4 等其他路径，而这些其实有可能是创新的路径。

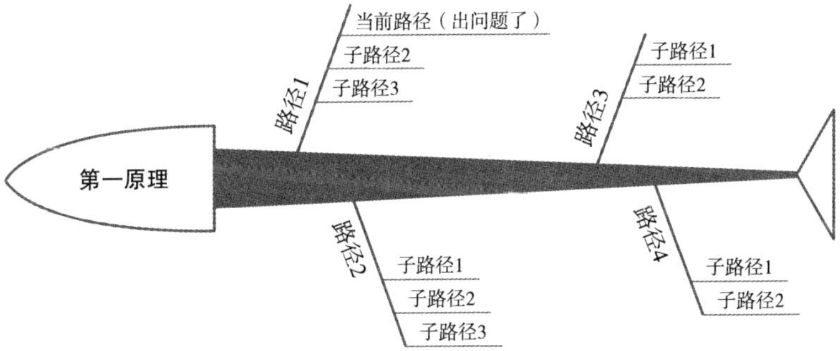

图 5-3 第一原理思考路径

如果想把第一原理运用得当，有几个基本的步骤。

第 1 步：确定并定义清楚你当前的假设。

第 2 步：将问题分解为基本原则。

马斯克说：要把知识看成是一棵树，进入树叶前，先弄清楚树干和树枝。也就是说，在你进入细节之前，要先了解基本的规则。这些基本原则几乎是任何事物的最基本的事实或要素。

第 3 步：从头开始创建新的解决方案。

我们举个例子来说明。

十几年前，网络带宽低，资源少。大家使用任何内容都要从服务器下载，而下载要用到下载工具。在这个基本前提下，各种下载工具争相竞争，多线程、可续传、抢资源、争带宽都成了必备神功……但是很快，服务器的下载带宽上限就成了大家的极限。

记得当年很多公司在这条路上探索了很长一段时间，依然感到茫然。有些人就开始思考，互联网的本质是什么？互联网的创生，本来就不是中心化的，而是分布式的。如果从互联网的基因出发，压根儿就没有“大家只能从服务器下载”这一条金科玉律。跳出这个框框，还可以怎么做？

有人马上就想到，如果每个下载软件的用户，不仅可以做客户端，还都可以做服务器，让他下载的时候，同时上传自己有的内容给别人，那么不仅减轻了服务器的压力，还避免了服务器故障传输就完全中断的风险。思维模式变化，抛开一切没根据的假设，P2P（点对点）下载协议横空出世。

这彻底颠覆了原来的思维框架，也说明运用第一原理思考，往往能解决很多大问题。

▶ 解析问题的工具

1. SWOT 分析矩阵

SWOT 分析矩阵经常被用于企业战略制定、竞争对手分析等场合。SWOT 分析矩阵实际上是将企业内外部条件等各方面内容进行综合概括，进而分析组织的优劣势、面临的机会和威胁的一种方法。

举例说明 SWOT 分析矩阵如何应用。

某工作室是一家专门做烘焙师培训的初创型公司，现有 7 人。

目前市场上类似的优质课程比较少，而且没有提供实操训练的服务，即使有，价格也相当昂贵。经过详细的商业调研后，公司认为烘焙师培训市场有空间。

（1）我们先从内部能力和外部因素分析。

S：优势（Strength）

- 创业公司团队精简灵活，战略调整快，执行效率高；
- 高质量：邀请知名酒店烘焙师，将流程录制后压缩提炼干货，做成 30 分钟以内的优质课，产品在市场受到欢迎；
- 服务：内容垂直，1 vs 1 服务，互动效果好。

W：劣势（Weakness）

- 资源不足，抗风险能力弱，需要从头开始积累客户；
- 高质量内容的生产效率略低。

O：机会（Opportunity）

- 在生活水平提升、消费升级的大趋势下，线上线下提供的高品质烘焙产品供不应求；
- 市场上找不到类似的优质课程，但是用户的需求非常大，供需缺口很大。

T：风险（Threat）

- 存在知识产权风险，盗版抄袭课程成本低，防盗版压力很大；
- 面临大型机构和平台的竞争压力：在初期和中期，生产的竞争壁垒还没成型，大型平台利用手中用户和资源优势，可能会抢夺市场份额。

（2）我们将各种要素匹配形成发展战略。

即把各种要素匹配起来加以系统分析，具体做法就是把优势和机会组合（SO 战略）、优势和风险组合（ST 战略）、劣势和机会组合（WO 战略）、劣势和风险组合（WT 战略）。

- SO 战略

贯彻精品化战略，提供高质量的精品课程。另外，发挥团队执行效率高和精干的特长，随时根据市场做调整并快速迭代更新。

- ST 战略

发挥团队小的灵活优势，可以根据客户需求提供及时、到位的产品支持，随时调整、打磨产品。另外，服务到位，打造服务壁垒。在知识产权上做好保密、加密以及法律防御。

- WO 战略

资源、费用少使得公司无法投放广告宣传，但是公司产品精品化可以制造爆品，运用口碑营销的方式，让顾客帮助传播。比如，在社交网络或媒体上，通过用户分享机制引导链式传播。

- WT 战略

发挥自身特长，生产少量而精品的内容，不追求数量，不扩充产品线。另外，在发展前期尽量低调踏实做产品，不过早引起大型机构的注意。

这样，通过两步就形成了完整 SWOT 分析矩阵。下一步如何确定市场战略和调整计划是不是就更清晰了？

表 5-1　完整 SWOT 分析矩阵示例

内部能力 \ 外部因素	优势（Strength） 团队精简灵活，执行效率高 高质量产品在市场受到欢迎 服务互动效果好	劣势（Weakness） 资源不足，需要从头开始积累客户 高质量内容的生产效率略低
机会（Opportunity） 线上线下提供的高品质烘焙产品供不应求 市场上找不到类似的优质课程，供需缺口很大	贯彻精品化战略，提供高质量的精品课程。发挥团队执行效率高和精干的特长，随时根据市场做调整并快速迭代更新。	制造爆品，运用口碑营销的方式，让顾客帮助传播。比如，在社交网络或媒体上，通过用户分享机制引导链式传播。
风险（Threat） 盗版抄袭课程成本低 面临大型机构和平台的竞争压力	发挥团队小的灵活优势，可以根据客户需求提供及时、到位的产品支持。在知识产权上做好保密、加密以及法律防御。	生产少量而精品的内容，不追求数量，不扩充产品线。在发展前期尽量低调踏实做产品，不过早引起大型机构的注意。

2. 5W2H 提问法

5W2H 提问法又叫七何分析法，简单、方便，易于理解、使用，富有启发意义，广泛用于企业管理和技术活动，对于决策和执行性的活动措施非常有帮助，也有助于弥补考虑问题的疏漏。5W2H 提问法有助于思路的条理化，杜绝盲目性；有助于全面思考问题，避免在流程设计中遗漏项目。

5W2H 提问法的具体含义在第四章中已有论述，此处不再赘述。

3. 其他分析工具

当然，分析工具还有很多，如波士顿矩阵、波特五力模型、6 顶思考帽等。但工具只是工具，是帮助你提升思考效率和层次的手段，最重要的还是思考的框架以及如何灵活应用到实践。

▶ 解决问题：麦肯锡七步法

先讲一个很老的关于麦肯锡的故事。

有一位牧羊人正在草地上放羊，忽然走来一个西装革履的年轻人说："老先生，我可以为您服务，我将告诉您这群羊共有几只，作为酬劳您需要给我一只羊。"

牧羊人还未作答，年轻人就开始工作，他用笔记本电脑无线上网，链接上 NASA 的内部网，调动低轨道卫星，将卫星遥感成像的图片通过软件进行分析。数十分钟后，年轻人再次走到牧羊人面前："老先生，您的羊群共有 856 只羊。"说完，他抱起一只羊就要走。

牧羊人这时叫住了年轻人："年轻人，如果我能猜出你就职的公司，你可不可以把酬劳还给我？"

"可以。"年轻人答。

"你是麦肯锡公司的。"牧羊人说。

年轻人很惊讶，"您怎么知道？"

牧羊人笑了："有三个理由足以让我知道：第一，我没有请你，你自己就找上门来；第二，你告诉了我一个我早已知道的东西，还要向我收费；第三，一看就知道你不懂我们这一行，你抱的根本不是羊，而是一只牧羊犬。”

玩笑归玩笑。麦肯锡所创造的方法论帮助世界上无数公司成功实现了转型（当然失败的也不少），麦肯锡的方法论迄今为止也是最能让大家认可的咨询公司的方法论。其中，麦肯锡解决问题的七步法（也称麦肯锡 7S）是最经典的方法之一。

麦肯锡 7S 主要包括如下七步：

- 陈述问题；
- 分解问题；
- 清除非关键问题；
- 制订详细的工作计划；
- 进行关键分析；
- 综合结果并建立结构性的结论；
- 整理一套有力度的文件。

我们再来举例应用麦肯锡七步法。

一家来自中国台湾地区的高端电风扇制造商，在进入大陆市场的近几年时间内，营业收入和市场规模都高速增长，经过这几年对大陆市场的深耕挖掘，公司的产品线也基本齐全。但是从去年开始，公司营收增速放缓，且产品毛利率大幅下降了 60%，问题变得棘手又紧迫。公司老板像热锅上的蚂蚁，希望能尽快解决问题。假设你是这家公司老板请来解决问题的专家，你如何运用麦肯锡七步法来解决此问题？

这个方法可以根据项目的实际情况灵活调整，能帮助你看清哪些是最重要的，哪些是值得去做的，明白自己为什么要做，怎么做，还能做什么，是个有力的思考工具。

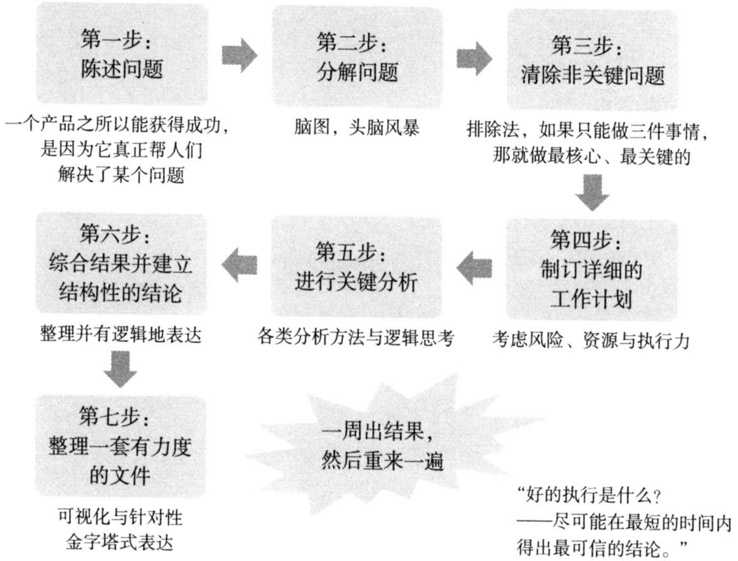

图 5-4　麦肯锡七步法

首先，我们开始第一步——陈述问题。一家高端电风扇制造商在过去一年内毛利率下滑了 60%，我们要在几天内找到毛利率下滑的原因并给出解决方案，使公司在一年内将毛利率恢复到去年之前的水平。

问题陈述清楚了，我们将聚焦点集中在毛利率身上，而且目标也很清晰。

第二步——分解问题。我们先把毛利率的简单公式写出来：

毛利率 =（收入 – 成本）÷ 收入 ×100%。可见毛利率主要跟收入和成本两者有相关性。

我们继续拆分：

收入 = 产品 1 收入 + 产品 2 收入 +……+ 产品 N 收入

产品 1 收入 = 产品 1 单价 × 销售数量

成本 = 固定成本（厂房设备折旧 + 办公租金 + 利息等）+ 变动成本（人工费用 + 材料成本等）

第三步——清除非关键问题。导致毛利率下降的因素非常多，可能有几十种。我们需要仔细分析财务和业务数据，从数据中找出所有影响因素并罗列出来，并按照问题的重要性（比如对财务指标的影响大小）对所有相关问题做一个排序。这样，我们很快能找到最关键的影响因素。基于二八原则，我们找出影响最大的一个或两个因素。从财报和业务报表可以看到，主营产品尤其是利润爆品的价格快速下降，以及高端产品的利润快速下降是导致毛利率下降的核心因素。

然后我们可以根据时间、资源等情况，挑选出前 5 项关键因素（对整体毛利率影响占比可能超过 70%）作为可以解决的因素，这 5 项关键因素之外的其他因素将被视为非关键因素进行清除。

第四步——制订详细的工作计划。针对之前挑选出的 5 项关键因素进行专项分析。比如，专项分析涉及产品各自的市场规模和增速多大？公司占总市场份额多少？主要竞争对手情况如何？产品价格变化多少？消费者对此产品的购买因素是什么，发生了哪些变化？等等。

第五步——进行关键分析。比如，我们可以看到占该公司毛利率接近一半的某款中端爆品家用电风扇的毛利率今年下降了 90%，仔细进行分析后发现，中端市场今年面临主要竞争对手的价格战，在市场总容量没有大变化的前提下，为了拼市场份额，大家大打价格战。与此同时，原材料和人工成本都在快速上升。此外，市场涌入大量新的跨界竞争对手，如某些互联网制造商，他们以亏损补贴的方式抢夺市场。另外一个因素是公司原来的利润大头来自高端产品的售卖，但是这两年某些高端厂商抢夺了大量高端市场的用户。

第六步——综合结果并建立结构性的结论。可以总结为三点。

- 市场前景看好。目前国内家用电风扇总体市场还在继续增长，而且逐渐往中高端市场发展，市场容量和利润前景都比较客观，且海外地区的增长更加迅速。因此，公司坚持家用电风扇的战略方向不变，同时要向中高端市场进军，逐步向海外市场渗透。

- 公司存在的主要问题可以解决。公司存在的主要问题是成本、营运效率低于业界平均水平，以及创新不足。由于公司在全球市场的高市场占有率，以及多年经营的供应链经验，公司在成本上有压缩的空间，具体可见成本控制计划。同样，在营运效率上，需要梳理营运流程并进行优化，减少节点，加快流转，进一步提升效率。此外，对于消费者喜爱的新产品和功能，需要加大对研发产品的支持。

- 我们需要有对症下药的解决方案并能落实到计划，同时有整套的制度做配套。这方面就不详述了。

第七步——整理一套有力度的文件。将上述结论和计划整理出来，形成可执行、可视化、清晰明了的文件并遵照文件实施落地。

▶ 决策

1. 决策树（Decision Tree）

什么是决策树？

我先摘录一段定义：决策树是一种机器学习的方法，是一种特殊的树结构。决策树是一个利用像树一样的图形或决策模型的决策支持工具，包括随机事件结果、资源代价和实用性。它是一个算法显示的方法。决策树经常在运筹学中使用，特别是在决策分析中，它能帮助确定一个最有可能达到目标的策略。

看完是不是很蒙？我举个例子来说明。比如，一个女孩的母亲要给她介绍男朋友，于是有了下面的对话。

女儿：多大年纪了？

母亲：26岁。

女儿：长得帅不帅？

母亲：挺帅的。

女儿：收入高吗？

母亲：不算很高，中等。

女儿：是公务员吗？

母亲：是，在税务局上班呢。

女儿：那好，我去见见。

这个女孩的决策过程就是典型的分类树决策，相当于通过年龄、长相、收入和是否为公务员将男人分为两个类别：见和不见。假设这个女孩对男人的要求是：30岁及以下、长相中等以上并且是高收入者或中等以上收入的公务员，那么可以用图 5-5 表示女孩的决策逻辑。

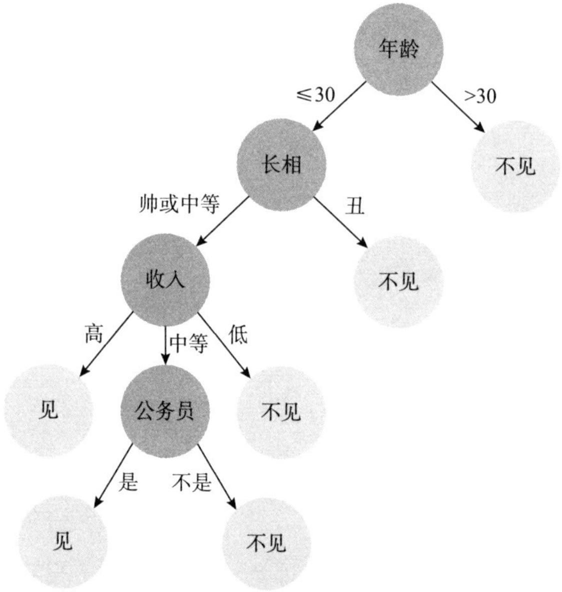

图 5-5　决策树应用示例

理想状态下，我们的大脑可以穷尽所有因素并进行决策树判断，并很有可能选择出一个最优的路径。但是事实上，真实场景下的决策需要考虑的因素要比这个复杂很多，决策分支也会更多。而我们的大脑为了尽可能减少能量损耗，在决策的过程中常常走捷径。比如，脑海中已经有了一个习惯的想法后，就很容易直接接受已有的习惯路径，而很难接受其他新的思想或者观点。在这种情况下，我们往往并不能得到一个理性而最佳的决策方案。

因此，决策树带给大家的核心思想是：如果情况足够复杂，在有条件的前提下，你应该穷尽所有决策因素，并顺着决策树（也可以简化成二叉树）找出最合理、有效率的决策路径，这才是最优路径。需要考虑的是节点的选择排序，以及节点分支要尽可能简化，最好都能简化为是或否这种二叉树。

谷歌的机器人阿尔法狗曾在围棋比赛中击败人类选手，一个主要差异就在于，阿尔法狗没有情绪，永远坚持算法设定的最优原则，从决策树的方向选择利益最佳路径。而人往往不能控制自己的情绪等因素，这也是计算机比人类更厉害的地方。

2. 奥卡姆剃刀

刚才讨论的决策树只是告诉我们要穷尽各种路径并选择最优路径，但并没有告诉我们到底什么是最优路径，有什么原则去判断哪条路径是最优路径。这里就要用到一个简单的判断原则：奥卡姆剃刀原则。

奥卡姆剃刀原则用一句话概括就是“如无必要，勿增实体”，就是在所有的解决方案中，如果预测力一致，那么要选择假设最简单的那个。

举个例子。相传六祖惠能（中国禅宗杰出大师）在给弟子讲经时，忽然起了一阵风，旗幡随之轻轻飘动，这引起了两个弟子的争论，一个弟子说是风在动，一个弟子说是旗幡在动，惠能插口解释说：“不是风在动，也不是幡在动，是你们自己的心在动。”实际上，惠能大师的这个解释相当有水准，这里我们不研究佛学的意义，而是看用奥卡姆剃刀原则来思考，到底哪种解释更符合要求。弟子说风动，风大家都知晓，不需过多解释。但是惠能大师讲到的心动，就引入了一个概念：心。这个心不是医学上的心脏的意思，而是有了更深刻的哲学意味。这个心无疑让事情变得复杂，关键还无法证伪。这样的话，用奥卡姆剃刀原则思考我们会选择最为简单的风在动的解释。

总而言之，决策是一个复杂过程，并不能很简单地用一个原理套用。但是决策树加上奥卡姆剃刀的组合，能让你的决策更加有条理而且可能选择最优。

HRD

06

如何提供一揽子解决方案？

用六板斧搭建解决方案

玩过乐高的朋友都知道，乐高积木只有有限的组件，以及两种固定的形状（凸点和可以插入凸点的凹槽），但是依靠这些简单的组件就可以拼出世界上一切形状，可以说是一种十分魔性的智力玩具。从乐高的原理我们联想到提供解决方案的过程，其实也是一个拼积木的过程。我们在为 CEO 提供解决方案之前，脑子里必须十分清楚，解决方案的整体框架是什么样的？这个整体框架到底需要由哪些“乐高积木”组件组成？这些关键组件的原理是什么？我们如何熟练、合理使用？当你搞清楚了要盖一座什么样的建筑（需求目标），工具箱中有成型的乐高组件（标准工具），一名优秀的建筑师自然就知道该用什么组件搭建成最终的建筑。那么什么是我们提供一揽子解决方案的关键组件呢？

▶ 一板斧：从创始人那里找准企业的三观

就像著名的哲学三问“我是谁？我从哪儿来？我要去哪里？”被用来拷问人生的终极意义一样，愿景、使命与价值观是对企业的哲学三问，也是企业的三观，它回答了几个核心问题：

- 我们要成为什么样的公司？
- 我们要为大家带来什么样的价值？
- 我们要信守什么样的理念帮我们完成上述目标？

这是我们做事的导航和指南，是我们行动的灯塔。它是如此重要，但是因为离业务很远，恰恰不容易被业务管理层提到，更难有机会专门讨论，尤其是在公司规模还很小的时候。

我们的目标很简单，就是真正理解 CEO 或创始人心目中的这三点到底意味着什么，而不仅仅是挂在口号上。HR 最需要做的是抓住一切机会跟 CEO 做深入访谈。比如，你在加盟这家公司的面试过程中，与 CEO 有了一个非常珍贵的一对一畅谈的机会，你应该好好咨询 CEO 一些问题：您为什么要创办这家企业，有什么其他背景？除了解决业务的问题，还希望解决什么问题？您认为我们为什么能成功？依靠的是什么？我们赞同什么样的行为和价值观？反对什么行为和价值观？等等。

入职后，就更方便抓住一切非正式沟通的场合，跟 CEO 有更深入的沟通。这时候，通过了解 CEO 或者创始人团队的成长环境、个性性格、心路历程等，能更全方位理解他们所说的理念和价值观的内容。不只听其言，还要观其行。通过观察、走访以及客户反馈，全方位观察领导者是否以身作则，员工是否能真正领会并付诸实践，让公司的理念和价值观真正落到实处。

总而言之，愿景、使命和价值观就是乐高积木中最基础也是最重要的那颗因子，是必修课。

▶ 二板斧：如何架设公司治理架构？

可能有人会问，公司治理是公司创始人和股东方最应该搞清楚的，跟 HR 又有什么关系呢？实际上，公司治理跟 HR 确实没有很多直接关系，但是公司治理是企业的地基，如果地基不稳，无论你设计多好的房屋结构，在这个地基上所盖的房子都是不牢靠、容易倒的。既然如此重要，HR 就需要配合 CEO 或创始团队，一起把公司治理结构梳理清楚。

公司治理结构的最核心概念就是三会一层，也即股东大会、董事会、监事会和管理层。它的核心问题是如何有效分工、保证四者互相促进的同时又有效制衡。股东大会，基本上决定与公司生死存亡相关的事宜，如公司的设立、增减资、章程修改、清算、破产等。股东大会闭会期间授权董事会负责公司的整体运行。董事会主要负责公司的战略方向、经营理念、经营风险、制度文化以及核心高管。监事会主要负责监督，包括对董事会、高管层、财务、内控、风险等多方面的检查，以及在董事会不作为时承担董事会的工作。比如，召开股东大会，或者在董事会、高管层做出有损公司利益行为时要求其纠正。而高管层主要负责公司具体的经营，在董事会确定的战略框架下，将战略落地到执行层面，保障任务指标的完成。实际上，公司法对公司治理架构的描述是很科学、很完美的，但是在实际执行过程中，完美的设计总会遇到实际难题。这里我们只提出问题，不展开讨论了。

- 大股东即实际控制人是谁？其他重要股东是谁？股东之间

的关系如何？哪些属于战略投资者？哪些属于财务投资者？大家互相之间的利益是否能一致？

- 公司的股权设计是同股同权还是同股不同权？如何保证公司的控制权不旁落？如何防止“门口的野蛮人”？又如何防止董事会与管理层之间信息不畅产生的误解，甚至管理层实际控制了董事会？
- 管理层整体能力如何？创始人的决心、能力品格、个人背景如何？
- 公司是否有体系化内部培养管理层的能力？上升渠道是否通畅？对高层、中层的激励是否到位？

▶ 三板斧：如何设计责权利统一的管控模式和架构？

科斯定理认为：在交易费用为零的情况下，不管权利如何进行初始配置，当事人之间的谈判都会导致资源配置的帕雷托最优。因此，如果要设计一套组织架构，最核心的目标是如何最大限度减少交易成本。

1. 管控模式

做组织结构设计之前，要先解决集团与子公司之间的架构设计问题。尤其对于集团化的大公司来说，由于公司规模和业务复杂化，首要问题是集团管控模式的设计。目前国内大型集团企业普遍形成了“母集团—子集团—孙公司”三层级的组织和管控架构。随着业务发展需要，又逐渐发展成“母集团—子集团—孙公司”管控架构和外部投资的“母集团—外甥集团—外孙公司”两条线。具体到集团与子公司之间的管控模式上，一般分为三种。

（1）财务管理型管控：是分权化程度最高的模式。管理方式以财务指标考核、控制为主。集团总部将注意力集中于财务管理和领导功能，每年都会给定下属企业各自的财务目标，下属企业只要努力完成财务目标就可以。

（2）战略管理型管控：集团总部通过战略规划和业务计划体系进行管理，各下属单位同时也要制定自己的业务战略规划，并提出达到规划目标所需要投入的资源预算。

（3）操作管理型管控：是集权化程度最高的模式。所有事务的最终决策权均收归集团，下属企业仅是集团决策的被动执行者。集团总部从战略的规划、制定到实施几乎什么都管。

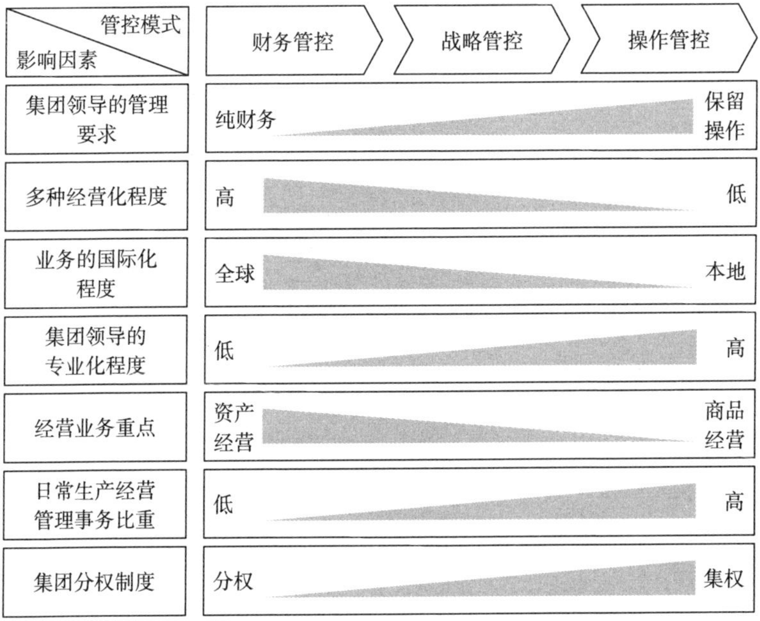

图 6–1　三种集团管控模式的区别和关系

具体到实践中，三种管控模式都存在一些问题。战略管控处于财务管控与操作管控的中间地带，理论上可以实现，但现实中很难把握这个“度”，要么力所不及，要么矫枉过正，如果集团没有在战略管控的模式上比下属企业有更高的价值传递，那么集团与子公司之间就很难有信任。集团下属子公司之间也是如此，因此战略管控问题最多。

财务管控对绝大多数集团企业而言，逐渐变成一种单纯的趋利避险的投资行为，由于股权不占优势，很难对成员单位发挥影响作用，与目前公司治理制度不完善、董事管理制度以及董事会运作机制不成熟有很大关系。

因此在实际操作中，操作管控模式使用最多，落地效果也最好。大量企业也逐渐采用操作管控模式为主，混合其他管控模式的混合管控模式。

2. 组织架构

设计组织架构是做企业的基本能力。如同上面提到的科斯定理提到的要设计一套组织架构，最核心的目标是如何最大限度减少交易成本，这是我们设计组织架构的出发点。在此基础上，如何保证责权利的统一是根本的根本。

（1）如何设计组织结构？

- 纵向层级与管理幅度

即在纵向范围内设计多少个层级，以及管理幅度是否合理。层级设计不是越多越好，过多的层级只会让公司的效率极度降低，也不是越少越好，像国内的某公司之前做扁平化、去管理化，取消了几乎所有层级，也造成了管理的混乱，出现一个总监要直接管上百人的现象。

需要多少层级是基于承担业务的责任点到底有几层，责任点有几层就设计几层层级。比如，对一些小公司来说，高管责任点在公司业务的方向和策略，总监承担公司的战略分解与推动执行，员工专注执行，责任点很清晰，那就设计为三层就好。当然也不是这么简单，还需要考虑管理幅度和分工的问题，这个后面会讲。但是对于一个大型公司来说，因为涉及跨地域、跨系统的分工协作，如果公司仅有三个层级根本无法让责任点落实，从而给公司带来指挥混乱的问题，如一些需要及时决策的事宜，可能会由公司高管决策，决策效率反而低下。

- 汇报线

汇报线需要清晰单一。清晰单一的意思是，在某一项任务下来之后，员工要能在第一时间很清楚地知道，我应该找谁沟通并一起解决这个问题。所谓单一，不是要求只有一种汇报关系，不能做项目制和矩阵式组织结构，而是说职责清晰前提下的汇报对象单一。比如，一名工程师日常汇报给工程部门技术主管，专业上受工程部门技术主管的指导。但是如果调入到公司的某一个核心产品增长项目组后，在项目上的绩效评价和管理将由项目总经理来负责。

- 专业化

所谓专业化，是指公司将所有工作按流程或者分工进行拆分，每个人只负责其中的一个或者几个环节或步骤。这一方面让员工能专注于自己的专业特长，并通过长时间的机能训练把这个环节做到极致。而且由于每个人只负责一个环节，对每个人的整体要求反而变低了，更容易找到大量的人才，培训人才也变得容易。企业只要把精力集中在如何提升各个领域技能最优的人才整体效率，如何整体提升组织系统的运行效率即可。百年来的实践表明，工作专业化极大提升了工作效率。

- 集权还是分权

公司需要考虑将哪些决策权下放到哪个层级，这取决于公司希望达成什么样的组织目标。集权式组织有利于规模化，以及统筹各部门协调一致，对于风险的把控也会更好。但问题是不灵活，决策效率低。相反，分权式组织的趋势比较突出，这与使组织更加灵活和主动地做出反应的管理思想是一致的。在大公司中，基层管理人员更贴近生产实际，对有关问题的了解比高层管理者更翔实。

- 分工协作

需要考虑如何最小阻力分工协作。所谓最小阻力，意思是在最大限度提高专业化分工水平的前提下，尽可能减少跨部门的壁垒。原则是在完成主业务所需横向协作沟通最小的前提下，业务还能顺利推进，那么这时部门设置就是合理的。简单说就是能放在一个部门里就不设立两个部门，最终部门设置越少越好，而协作部门之间的共同责任越统一越好。

（2）组织结构设计需要遵循的一些原则

- 责权利统一

责权利统一是组织设计的最高原则。所谓责，就是你希望赋予这个职位什么责任，这个责任跟业务目标的联系在哪里。责是纲，确立了责任范围，才有后续的权力和利益的设计。比如，一家生产吹风机的中型公司销售负责人离职后，CEO 一直兼任销售负责人的角色。这种情况持续了一年后发现业绩反而下滑。从责的设计原则来观察，这就是责的错位。CEO 的主要职责是领导整个公司的战略方向以及未来，而销售的职责应该由一位更加专业聚焦在这个领域的人士来担当，公司应该为这个责和担责的人设定一个明确的要求。同样地，有的公司从业界引进了一位牛人大咖来整体负责一块业务，但是迟迟不能赋予其应有的权力。什么事情公司老板都亲自过问，亲力亲为，让这位牛人无所适从。这是权力的错位。还有很多公司的老板让一个人当了将军，但是激励很吝啬，光要马儿跑，不让马儿吃草，这样更加行不通。责权利一体才能发挥出最大的人力资源价值。

- 适应企业不同阶段需求

组织结构设计的第二大原则就是如何让结构适应环境的变化。随着企业发展，为争夺更多的客户，组织职能增多，工作量增加，组织层次分裂，职责与权力在组织各层次机构分配以提高组织效率。

婴儿阶段：这一时期的公司组织架构呈现简单、松散的特征。在这一时期，企业的主要目标是生存，主要任务是开发客户和为现有的有限客户提供产品与服务。因此组织结构简单直接，不存在固定的组织架构和岗位，人员分工和职责根据目标做出灵活应变。

成长阶段：这一时期一般已经建立了职能型组织结构。在企业成长期，随着销售量与市场份额的提升，客户群体增大，经营变得复杂。因此在研发、生产、销售等基础经营职能上，企业产生了资源分配、计划、组织、指挥、协调及控制等管理职能。

成熟阶段：一方面，很多集团都建立了事业部。公司进入成熟期，需要拓展下属结构的发展活力，让下属结构也成为独立的利润中心，让他们拥有产品的生产经营决策权，对成本、收入和利润负责。公司高层只需要把控战略与政策制定权即可。另一方面，因为业务多元化，在很多业务上有交叉的协作机会，为了解决业务协作效率问题，矩阵型组织结构也应运而生。

矩阵型组织结构是在职能制垂直形态组织系统的基础上，再增加一种横向的领导系统，是非长期性固定组织。当解决需要跨职能协调的问题时，如产品或技术需要快速更新或优化，通常由研发部、生产部、质量部、设备部、销售部等部门抽调专业人才组成项目小组。

简单总结几个阶段对应的组织结构如图 6–2 和图 6–3 所示。

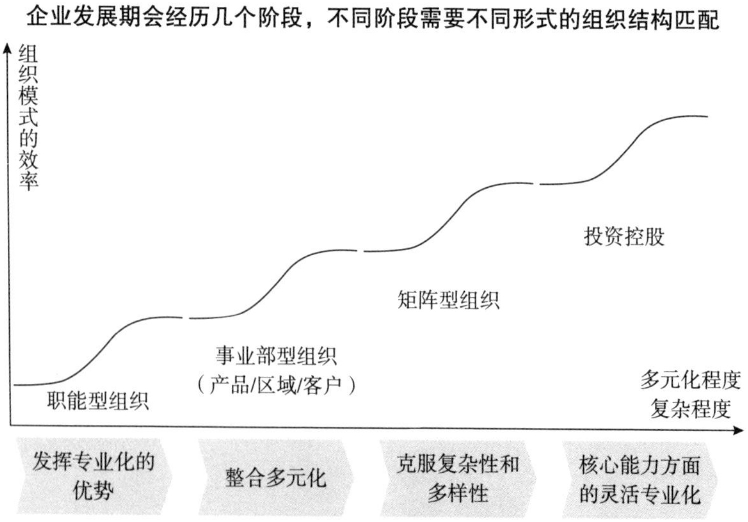

图 6–2　组织结构的发展趋势

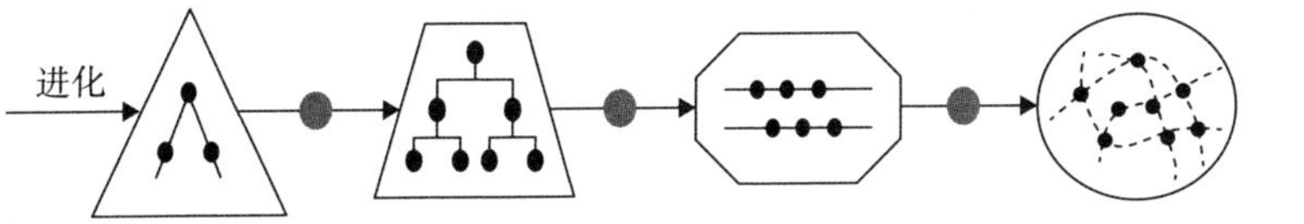

图 6-3　组织结构的进化

▶ 四板斧：如何从外部供应、内部培养上解决人才难题？

为 CEO 提供的所有解决方案中，最终都离不开人。而人的问题主要包括两点：你如何吸引和挖到最适合公司业务发展需求的人，以及你如何让优秀人才与公司业务一起共同发展。

1. 首先要解决的是如何吸引核心人才

（1）找到有志于做有意义的事或改变世界的人才。优秀人才内心的自驱力和原动力来自人类本能对自然的好奇心和探索世界的需求，只有从人的内心自驱力和原动力出发，才能解决一个人持续的根本需求。对于这些优秀的核心人才来说，做一点有意义的事情或者改变世界的事情，本身就值得去奋斗。做有意义的事是目的，而钱和其他回报只是奋斗后产生的结果。

剩下的问题留给 HR，去哪里寻找这些核心人才呢？

- 从同业和竞争对手的类似岗位去寻找绩效比较优异的人才。这需要 HR 在平时做好情报工作，对业界人员情况了如指掌，手头永远有一张业界人才活地图，且尽力做到定期动态更新。可以说，人才盘点不只存在于公司内部，也可以将虚拟的人才盘点做到公司外，直到整个业界。

- 从同业和竞争对手中的非类似岗位去寻找。这一点对 HR 的要求非常高。因为当我们去判断一个人的时候，一般是根据他的历史轨迹来推断未来表现的，而且这种推断一般是在一个发展轨道上线性的假设。如果这个人在不同的岗位上，不在我们判断该类职位的轨道，那么我们的推断模式很容易失效。不过 HR 在这里至少可以做到以下两点。

一方面，可以找能力相近的职位用相同的模式判断。比如，我们要找的是一名做产品的高级人才，那么除了将当前正在做产品的人才纳入正式候选人才池外，负责技术、负责运营的各类人才可能都会进入我们的人才候选库。

另一方面，如果市场上可供应的人才不充足，也可以尽可能将人才需求的核心能力提炼出来，根据核心能力需求去探索人才候选的范围。

- 跨行业寻找优秀的人才。这点对于中级职位来说比较难做，因为一个中层既要快速理解来自高层的战略分解和传达，也要懂得所在行业的知识技能，在必要的时候能随时补位。但是对于公司的高层职位，反而有可能跨行业选拔。因为高层最重要的是理解商业的本质，理解战略的方向，并不涉及具体的操作，反而可以跨行业。

（2）寻找赛道，勾勒足够大的未来发展前景

你需要带一份有吸引力的“厚礼”才有可能吸引住这些优秀

的人才。从人才的角度来看，一般要判断这件事是否有吸引力，主要看几个条件是否靠谱，如这件事是否拥有未来？做这件事所需的资源和条件是否具备？CEO的思路和决心如何？团队情况是否能让自己找到信心？现在做这件事是否是在合适的时间窗口？等。

要对核心人才形成有“杀伤性”的游说力，就需要动员公司CEO和所有高层参与到对核心人才的游说工作中。HR需要尽可能召集公司最高层与核心人才做面对面的深层次对话沟通，通过公司高层声情并茂的讲述，让人才能近距离感受到公司选择这条赛道的种种商业思考。如果一件事从商业的本质出发，商业的逻辑能讲得通，市场空间大，老板和团队比较好，就很容易把故事说得有吸引力。另外，也可以让核心人才感受团队和公司文化，文化上的细节能感染到候选人愿意加盟并一起努力做成一件事，而且能让核心人才与公司之间产生信任感，从而让核心人才相信个人与公司可以通过一起努力实现共同发展，并获得认知升级、经验积累、个人品牌树立，最终获得财务回报等全方位的回馈。

（3）良好的中、长、短期收入回报

我们后面也会说到这点，这里先不展开。收入回报是吸引人才的撒手锏，也是决定性的因素。只不过，不同的人才对收入回报的预期不一样，从而给我们设计收入回报结构留下空间。

- 短期和长期。我们至少可以将长期回报如期权/股权等从一开始就考虑进来，用现金+期权/股权的方式来吸引核心人才。至于期权/股权的适用范围，可以根据企业的规模、对未来价值的考量，以及企业发展的不同阶段来设计。

- 现在和未来。设计回报体系可以考虑与事业增长速度紧密挂钩，通过快速灵活的调整，在企业发展快的时候，让业绩优秀的同学得到更指数级的回报增长。虽然眼前收入不高，但是公司的环境锻炼人，如果你成长快，那么你从公司或者外部市场上可以很快得到增值。

- 固定和浮动。针对不同中层、基层核心人才，需要考虑不同的固浮比，这点就不展开了。

2. 其次要解决的是如何让优秀人才与公司共同发展

既然是优秀人才，自然是不缺少外部机会的。公司必须想尽一切办法留住这些人才的心，让大家与公司共同发展。对于优秀人才来说，到底哪些是直击其内心的留心之举呢？

（1）提供良好的发展空间，给予人才充分授权

这里的发展空间意味着大家所选择的这个事业本身的可想象力很大，也意味着优秀人才在这个事业中做出业绩后所能获得的成就感非常大。HR 与高管一起，向核心人才勾勒出事业的远大前景和业务成长性，还需要建立授权体系，给予核心人才充分授权，让权力向业务一线流动，向离客户最近的方向移动。

（2）团队文化能促进打胜仗，在战斗中选拔、培养人才

HR 需要研究公司所在行业的规律，在 CEO 对公司价值观文化的要求框架下，帮助建立起能促进公司打胜仗的团队文化。对于需要快速执行的运营行业来说，狼性、靠谱的团队可能更能帮助公司的策略落地。而对于知识密集型的文化创新行业来说，开放、容错、平等、胸怀使命感的团队更可能取得长远的成就。无

论如何，良好的团队文化能极大地帮助人才统一认知，减少摩擦，让业绩目标更好完成。

有句话叫：做什么不重要，跟谁做事最重要。这句话说得有点极端，但这个道理确实符合人性。对于很多优秀人才来说，能和什么样的团队一起做事，能在做事的过程中互相促进，互相成长，并取得业绩，这本身就是一个极大的荣耀。

（3）建立多通道人才发展体系

HR 需要保证有通畅的职业上升通道提供给优秀人才，以保证人才本身能力和业绩贡献的上升速度与他们能从公司获得的职业回报的速度是对等的。在条件允许的情况下，职业回报的速度应该大于员工职业能力的上升速度。

HR 至少可以在公司建立管理和专业两条线的职业上升通道，让公司的职业通道从“单车道”变为“双车道”。在一些行业，还可以开辟更多的通道，如事业合伙制、合伙人等职业通道。

职业通道可以从现在的“单车道”变成“双车道”，甚至是“三车道”，但是这些设计应统一在一家公司的框架内。而一家公司的上层天花板是固定的，因此上层天花板的问题还需要通过公司裂变的方式解决。比如，一家公司只有一个总经理，但是公司规模变大后，开拓了新业务，那么至少可以有两家公司，可以容纳两个序列的团队。无形中，职业空间和人才发展体系就打通了。

（4）良好的薪酬激励保障

这一点跟上文的职业发展空间是一体两面，缺一不可的。我们在后文具体展开。

▶ 五板斧：薪酬激励与“金手铐”

如果说上面说的一系列方案框架是汽车的发动机底盘，那么薪酬和激励就是驱动汽车行驶的油电能源。没有油电能源，再好的汽车也是一堆废铁。任何时候，HR 的脑中都要有一个薪酬和激励设计的蓝图。这个蓝图需要回答两个问题：公司提供给战斗团队的薪酬是不是符合竞争需要，是不是给力；在团队打仗过程中，当团队完成或超越目标的时候，对大家的激励是不是到位，在不同发展阶段的激励是不是到位。要做好薪酬和激励的设计，需要考虑以下几个基本问题。

1. 有什么简单实用的操作模型？

最简单的模型就是分层 + 分类组合模型。当然，企业实际情况要远比这个复杂，可以基于这个模型去演绎，变成企业自己可用的模型。

（1）人员分层

以一家中小型公司为例，可以将公司全体员工简化为三个层级。

- 合伙人：这里的合伙人是指对公司战略运营有决策权的最核心管理层团队，主要包括公司前几大股东派驻公司的管理层代表，公司的创始人团队，以及以合伙人名义加盟公司的高层管理者；
- 其他高中级管理层及核心骨干：除上述合伙人之外的其他高中级管理层，以及各业务的最核心骨干成员；
- 员工：除上述两层人员之外的公司其他正式员工。

（2）激励分类组合

- 低底薪 + 较高期权：此种薪酬激励方式应默认适用于合伙人和高级管理层。同时，在条件允许的前提下，如公司的期权池设计可以提供支持，而且公司的机制足够灵活，那么也可以将此种薪酬激励架构提供给员工作为可选项。
- 中底薪 + 中等期权：此种方式适合公司的中层管理者及核心骨干作为默认选项使用。同样，可以开放给其他员工作为可选项来自选。
- 高底薪 + 少量期权 / 全现金：这种设计可作为一线员工的默认选项。当然也可以开放给除高层管理者以外的全体员工使用。如果中层管理者或者核心骨干选择这个选项，应该密切观察员工对公司的长期发展是否信心不足。

简单总结，层级越高，其决策和行为对公司的业绩影响越大，因此其个人的薪酬激励应该更多与公司长期发展挂钩，并享受未来的红利，同时在短期获得少一些现金回报。相反，层级较低的一线员工，其薪酬激励设计应该与目前的表现直接相关。

2. 如何设计长期激励？

长期激励包括如下几种。

（1）股票期权（Stock Option）：指在一个特定的时间内，使用约定的价格，购买公司普通股的权利。股票期权是使用最广的股权激励方式。公司授予期权的设计中，员工的收益主要来自授予购买价与市场价之差加上因股票升值所获利之和，并且可以享受较低的资本利得税，因此能让员工对未来的财富增值产生极大的期望。正因为股票期权的收益来自成长的价格差，因此股票期权适用于初始资本投入较少，资本增值较快，且在资本增值过程中人力资本增值明显的初创型、高新型公司。

（2）限制性股票（Restrict Stock Unit，RSU）：指上市公司按照预先确定的条件授予激励对象一定数量的本公司股票，激励对象只有在工作年限或业绩目标符合股权激励计划规定条件时，才可出售限制性股票并从中获益。对于员工来说，也可以简单理解为剥离了一定的股票权利，但可以享受股票的增值价值。

限制性股票相较于期权，初始购买价几乎为零，因此可以等同于股票来享受整个股票的价值和之后的增值价值，而且授予员工的 RSU 数量相对于期权要少很多（考虑到总授予价值恒定），因此对公司财务成本的影响也很低。限制性股票主要适用于成长性较好，业绩较为稳定，股价市场波动不大，现金流比较充足且具有分红偏好的公司。

（3）股票增值权：公司授予激励对象的一种权利，如果公司股价上升，激励对象可通过行权获得相应数量的股价升值收益，激励对象不用为行权付出现金，行权后获得现金或等值的公司股票。股票增值权主要适用于现金流较充裕，且具有较大成长空间的公司。

（4）虚拟股票：公司授予激励对象的一种虚拟的股票，激励对象可以据此享受一定数量的分红权和股价升值收益，但没有所有权，没有表决权，不能转让和出售，在离开公司时自动失效。虚拟股票比较适合于增长较快、现金流较充裕的非上市公司和上市公司。比如，华为公司采用的主要就是虚拟股票的方案。

（5）员工持股计划（Employee Stock Ownership Plans，ESOP）：指员工通过购买公司部分股票（或股权）而拥有公司的部分产权，并获得相应的管理权。实施员工持股计划的目的是使员工成为公司的股东。员工持股计划适合于中大型经营业绩稳健向好、规模相对比较大的上市公司。

（6）利润分享计划：指员工根据其工作绩效而获得一部分公司利润的组织整体激励计划，是由公司建立并提供资金支持，让其员工或受益者参与利润分配的计划。利润分享计划实际上是一种现金奖励方式，因此对于盈利效果好的上市公司或非上市公司都适用。

表 6–1　长期激励方式的横向对比

	定　义	优　点	缺　点	例　子
股票期权	指在一个特定的时间内，使用约定的价格，购买公司普通股的权利。	激励力度大； 财务成本相对较低。	股票平稳或下降将无激励效果； 股东股份可能被稀释。	员工被授予期权 40000 股，分四年行权。期权授予价 10 美元 / 股，在期权被授予满一年后，可行权期权为 10000 股，市场价 15 美元 / 股，每股获利 5 元，一年的毛收益 50000 美元 =10000 股 ×（15–10）美元。也可转为股票，并享受股票未来的涨跌增值。

续表

	定 义	优 点	缺 点	例 子
限制性股票	指上市公司按照预先确定的条件授予激励对象一定数量的本公司股票，激励对象只有在工作年限或业绩目标符合股权激励计划规定条件时，才可出售限制性股票并从中获益。	激励力度大； 财务成本较低且有约束力。	约束条件比较难明确。	员工被授予 RSU 4000 股，分四年行权。RSU 授予价 0.01 美元 / 股，RSU 被授予满一年后，可行权 RSU 为 1000 股，市场价 15 美元 / 股，可获利 14990 美元 =1000 股 ×（15–0.01）美元，也可直接转为股票，并享受股票未来的涨跌增值。
股票增值权	公司授予激励对象的一种权利，如果公司股价上升，激励对象可通过行权获得相应数量的股价升值收益，激励对象不用为行权付出现金，行权后获得现金或等值的公司股票。	审批程序简单，无须解决股票来源问题。	激励对象不能获得真正意义上的股票； 公司的现金支付压力较大。	员工获得股票增值权 1000 股，增值权行权价为 10 美元 / 股。行权期满后，员工行权的市场价为 15 美元 / 股，每股增值权获利 5 美元。基于此，公司向员工支付增值权收益 5000 美元 =1000 股 ×（15–10）美元。

续表

	定义	优点	缺点	例子
虚拟股票	公司授予激励对象的一种虚拟的股票，激励对象可以据此享受一定数量的分红权和股价升值收益，但没有所有权，没有表决权，不能转让和出售，在离开企业时自动失效。	审批程序简单，无须解决股票来源问题。	激励对象不能获得真正意义上的股票； 公司的现金支付压力较大。	员工获得虚拟股票1000股，虚拟股票行权价为10美元/股。行权期满后，员工行权的市场价为15美元/股，每股虚拟股票获利5美元。基于此，公司向员工支付虚拟股票收益5000美元=1000股×（15−10）美元。另外，员工获得虚拟股票分红每股0.5美元，一共获得虚拟股票分红500美元=1000股×0.5美元。
员工持股计划	员工通过购买公司部分股票（或股权）而拥有公司的部分产权，并获得相应的管理权，实施员工持股计划的目的是使员工成为公司的股东。	员工既是劳动者也是股东，且伴随所有权向员工转移，企业获得新的筹资方式。	如果员工对公司业绩没有信心，则认购的热情不高； 公司对员工的管理成本大。	公司委托财务公司与券商合作从二级市场完成购买1000万股，资金来源于员工自筹资金及公司配套资金。某员工根据标准可认购股份1000股，每股10美元。锁定期满后员工出售，市场股价15美元/股，不考虑利息可获收益5000美元=1000股×（15−10）美元。另外，员工获得股票累计分红每股1.5美元，一共获得股票分红1500美元=1000股×1.5美元。

续表

	定　义	优　点	缺　点	例　子
利润分享计划	员工根据其工作绩效而获得一部分公司利润的组织整体激励计划；是由公司建立并提供资金支持，让其员工或受益者参与利润分配的计划。	审批程序简单，无须解决股票来源问题。	未考虑员工个人贡献；过于关注利润增量。	某公司高管和特定员工整体作为利润分享计划奖励实体，年度利润分享奖金池＝公司超额利润 ×10%。员工奖金从奖金池中二次分配。

▶ 六板斧：如何用好绩效工具管理业绩？

1. 有哪些好用的绩效工具？

目前主流的绩效工具很多，包括 OKR、KPI、MBO、BSC、360 度绩效评估法、CIM 等，先简单介绍概念。

（1）目标与关键成果（Objectives & Key Result，OKR）。OKR 是一套明确和跟踪目标及其完成情况的管理工具和方法，由英特尔公司创始人安迪·葛洛夫（Andy Grove）发明。OKR 的主要目标是明确公司和团队的“目标”以及明确每个目标达成的可衡量的“关键结果”。由于目标共享透明，因此解决了大家目标一致、步调一致以及方向上的聚焦问题，能更好地服务于公司大的目标。

OKR 可以与 BSC、KPI 等工具和谐共存。比如，使用 BSC 来做战略解码，用 OKR 做大方向的引导，使用 KPI 做具体的绩效考核。BSC、KPI 自上而下，而 OKR 一方面自上而下，另一方面更多的是自下而上，个人提出目标，然后汇总成公司的目标，因此能更好地解决绩效的立体互动问题。

（2）关键绩效指标（Key Performance Indicator，KPI）。KPI 是通过对工作绩效特征的分析，提炼出最能代表绩效的若干关键指标体系，并以此为基础进行绩效考核的模式。

KPI 符合一个重要的管理原理——“二八原理”。在一个企业的价值创造过程中，存在“80/20”的规律，即 20% 的骨干人员创造企业 80% 的价值；而且在每一位员工身上“二八原理”同样适用，即 80% 的工作任务是由 20% 的关键行为完成的。因此，必须抓住 20% 的关键行为，对之进行分析和衡量，这样就能抓住业绩评价的重心。KPI 的难点在于提取 KPI 的合理性和 KPI 的量化目标的制定。

（3）目标管理（Management By Objective，MBO）。MBO 由彼得·德鲁克在 1957 年提出，被称为“管理中的管理”，是一种被广泛接受的管理理念和应用成熟的绩效考核模式。它让管理者和被管理者共同参加工作目标制定，在工作中实行“自我控制”并努力完成工作目标。

公司的 CEO 与下属共同讨论并最终确认公司的总目标后，各级管理者将这个总目标分解到各部门。在分解目标的过程中，管理者和下属之间也需要共同讨论制定各自的目标，并采取有效的措施保证落地。

目标管理解决了两个问题：一是保证目标与企业任务大方向

一致。这样，只要朝着正确的方向走，每走一步都离终点更近一步。二是目标由管理者和下属共同讨论确认，因此认同感更强。同时，自己管控自己的目标，能更好起到自我激励的作用。

（4）平衡计分卡（Balanced Score Card，BSC）。BSC 由美国哈佛商学院教授罗伯特·卡普兰（Robert Kaplan）和复兴全球战略集团总裁戴维·诺顿（David Norton）于 1992 年合作发明。BSC 是一种多维管理体系，以战略目标为核心，通过财务、客户、内部流程及学习成长来实施策略管理，这四个方面分别用一系列的指标来描述，各个指标与企业的信息系统集成，四个方面的指标通过因果关系联系，构成一个完整的评价考核体系。

平衡计分卡反映了财务与非财务衡量方法之间的平衡，长期目标与短期目标之间的平衡，外部和内部的平衡，结果和过程的平衡，管理业绩和经营业绩的平衡等多个方面。所以 BSC 能反映组织综合经营状况，使业绩评价趋于平衡和完善，利于组织长期发展。

（5）360 度绩效评估法。这种方法又称为全方位考核法，是常见的绩效考核方法之一，其特点是评价维度多元化（通常是 4 个或 4 个以上）。通过员工自己、上司、同事、下属、顾客等不同主体来了解其工作绩效，通过各方面的意见，清楚自己的长处和短处，来达到提高自己的目的。优势是增加了考评维度，上下级、客户、同级都有相应的评价，管理者能从各个维度掌握相关信息，员工个人也将有更加全面的负责对象，对于整个团队来讲可以增加团队气氛。劣势是评价系统庞大，相关人员较多，定性考核缺乏数据支持，考核对象与被考核对象承担双重身份，考核时间成本及沟通成本都很高，适合中高层考评。

（6）关键事件法（Critical Incident Method，CIM）。CIM 是一种通过员工的关键行为和行为结果来对其绩效水平进行考核的方法，一般由主管人员将其下属员工在工作中表现出来的非常优秀的行为事件或者非常糟糕的行为事件记录下来，然后在考核时点上（每季度或者每半年）与该员工进行一次面谈，根据记录共同讨论来对其绩效水平做出考核。

2. 以上工具分别适用于哪些场景？

（1）OKR：严格意义上 OKR 的初衷并不是用来考核的，而是作为公司和员工自己检查方向，聚焦努力领域的工具。由于更强调由下而上的自主性，因此 OKR 适合于那些对员工的自主性和自我要求很高的企业，特别是拥有知识型员工的高科技类公司。这些公司所在行业环境变化非常之快，企业成功高度依赖于员工的格局、能力，以及创造力的发挥，需要员工保持激情，站得高，看得远。

OKR 负责让公司上下同心，实现一个团队一个梦想，引导员工做让公司长期利益最优的行为。而长期利益和远期发展很难通过一两个量化的指标体现。而量化的指标，解决确定方向后目标如何实现的问题，就留给 KPI 了。如果失去 OKR 的指引，很多 KPI 可能会导致满足短期目标但损害公司长期利益的行为，最终给公司带来深远的损害。OKR 与 KPI 结合在一起使用效果更佳。

（2）KPI：KPI 考核简单、直接、可衡量。对于几乎所有具备量化衡量条件的职位，KPI 都是一个很适合的考核办法。特别是业务部门如销售、生产、产品等部门的考核，以及这些部门的员工考核。KPI 也适用于对独立核算公司的业绩考核。

但是正因为受限于量化，KPI 一般不适用于以下两种场景：一是不好量化衡量的长期目标和长远利益；二是工作产出不易量化的后台职能部门等。

（3）MBO：MBO 兼顾了 OKR 和 KPI 的优点。比如，强调双方共同确认方向和目标，保证大方向上大家的认知一致，同时又给予下属更多的自主性和自我控制，调动大家的积极性。这点类似 OKR，只不过 MBO 是强考核，而 OKR 更多的是方向性的监督，只要在上一级 OKR 框架下，自己 OKR 的具体措施可以随时更新。另外 MBO 强调了目标的落地，通过一些强管控的分解指标来保证目标实现。

因此，MBO 特别适合于中高层，或者从事创造性工作的管理者。正因为适用范围的局限性，在很多情况下，MBO 的方法容易被 OKR+KPI 的组合所取代。

（4）BSC：BSC 考核具备全面性和均衡性，兼顾了企业的短期利益和长期利益，因此适用于独立核算的企业，特别是大型集团对下属事业部、子 / 分公司的考核。但是 BSC 实施的成本非常高，一般只用于公司层面的绩效考核设计，至多落实到 BU 或者子部门。

（5）360 度绩效评估法：360 度绩效评估法的立体一体化，使得公司观察一个人的角度很全面，对人的评价也就相对客观，因此通常应用于对中高层人员的评价，如晋升评价或者未来发展的建议等。也有部分企业将360度绩效评估法直接应用于对管理层的考核。

360度绩效评估法的权重设计十分重要，它有一个致命的弊端，就是容易导致“老好人”文化出现。如果一名管理者知道他的考核权重是由同级和下属的评价构成（且权重不低），那么会导致这名管理者的行为发生变形，很可能导致取悦评价者的情况出现，也就是可能出现老好人管理者，偏离公司考核的目标。

（6）CIM：适用于对员工个人的考核，特别适用于职能类、基层员工的考核。这些员工工作琐碎而零散，工作的对象是一线部门或者客户，他们的目标是服务、支持一线取得成功，让客户满意公司的服务或产品。这些工作是一个综合行为导致的综合结果，不是由一两个行为决定的。这就需要抓大放小，抓住主要矛盾，提取出对于成功最关键的因素来评价。CIM考核的最大弊端在于主管的主观评价过多，很难保证绝对的公平客观。

3. 用案例来解答如何使用激励工具

上文所述的都只是各种工具，工具没有优劣之分，主要看企业如何使用。就像大厨只要有一把切菜刀，也能做出精美的菜肴，而厨房小白坐拥一堆顶级的厨房工具，却无从下手。为简便起见，我以互联网公司使用最为主流的OKR和KPI为例，说明一下如何使用这些工具。

有一家处于快速变化中的互联网公司Alpha，之前一直采用KPI的方式对部门和员工个人进行考核。由于KPI和公司的产出紧密挂钩，KPI 的概念简单易行便于落地，因此适用起来的效果一直很好。只是最近一两年，公司的管理层逐渐对 KPI 提出了一些修补意见和质疑，并希望 HR 有所行动。

第一步，经过仔细调研访谈，HR 总结了目前 KPI 实施中遇到的主要问题。

（1）偏爱短期产出而忽视长远利益

在 Alpha 公司，营销部门和会员部门的 KPI 里要承担公司的营业收入和利润指标。用户产品部门承担新用户增长、用户活跃数等指标。而内容运营部门主要承担内容的消费数，比如 PV、UV 等数据指标。这很正常，因为 KPI 一般关联的是公司比较明确的阶段性目标，如收入、利润、用户增长等。

为了超额完成这些 KPI 得到超额奖励，各部门采取了一些“特别”办法。比如，内容运营部门为增加 PV 数，把一篇长文章分成多页，把图片集合分成多页。这样，本来用户可以在一个页面看完的一篇文章，现在需要点击多次，并多次刷新页面才能看完。会员部门为了增加收入，在用户收费中增加一些陷阱，如故意让用户选择同意默认续费，让用户的银行卡在“不知不觉”中被扣费。

从完成 KPI 的角度，这些手段和办法十分有效，但是严重损害了用户体验，而用户满意才是互联网公司的根基。很显然，这些“特别”办法已经损害了公司的长远利益，这可不是 CEO 想看到的。

（2）封闭而非开放

Alpha 公司许多部门的 KPI 因为涉及公司机密，基本上是封闭的，只有相关部门如部门内和上级部门，HR、财务等部门才能知晓。两个部门之间如果 KPI 没有关联，则基本“老死不相往来”，公司的协作变得困难重重。

跨部门协作困难有时是因为信息不对称所带来的误解。

营销部门说，客户是我们的上帝，是公司赖以生存的金主。最近有家大客户出了一些社会负面事件，因此希望 Alpha 公司帮助删除涉及该公司的非正面新闻，其实很简单，为什么内容运营部门就不能为客户做一些妥协呢？内容运营部门义愤填膺地反驳，Alpha 公司最大的价值就是因为公正权威而受到用户的欢迎，这是公司的立身之本，也只有这样才能吸引并留住用户选择 Alpha。为什么我们要因为眼前的短视而让公司失去用户的信任呢？客户要让你帮他上天你也要答应吗？

用户产品部门纳闷的是，为什么我的用户数量都增长了，你销售部门的收入还在原地，不能同步增长呢？销售部门则反馈客户要的是有效用户，最终投放广告的效果要好，可是你们带来的新增用户都是广告主认为的无效用户，如何说服客户投放广告？

除了相互之间因为信息不对称带来的误解，封闭的 KPI 体系还会带来封闭的文化、部门本位主义，从而给跨部门合作带来更大的障碍。

（3）由上而下而非双向沟通

KPI 本质上是由上而下的，是单向的。在最顶层的战略目标和公司 KPI 确认后，各部门最重要的是做 KPI 指标的分解。就像一个俄罗斯套娃，在外层的套娃确定了空间后，里面一层小套娃的空间是恒定的。下属自己的 KPI 即是上级 KPI 的分解和子集。这让员工的主动性被压制，激情被压抑。

（4）难以解决非量化的考核

KPI 要提前半年甚至一年去确定一个未来成功的量化指标，这确实是很有难度的。要确定未来成功的方向本身就很难，更别说要确定一个具体的量化指标。另外一点是，对于中后台或者职能部门，工作本身难以量化。

第二步，带着上面的访谈结论，HR 跟 CEO、高层管理团队开会进行了深入讨论，HR 顺势向 CEO 和全体高层引荐了 OKR，并开启了 OKR 实施的前期工作。

（1）为了让 CEO 和高层对 OKR 有全方位的认知，HR 请来业界 OKR 实施上做得最好的两家咨询公司为大家做了全方位介绍并提供了全套解决方案，同时通过个人关系邀请当年设计实施 OKR 的标杆企业 HR 负责人，来到公司与 CEO 做面对面交流，让 CEO 全方位认识 OKR 的利弊，以及在实际落地中可能踩到的坑。

（2）认知对齐了之后，HR 召集 CEO 以及高管团队一起开会讨论到底要不要引进 OKR。经过大家反复推演，一致认为 OKR 能解决公司面临的重大问题，风险可控，且成本可承受，最终决定在全公司推行 OKR。

（3）HR 与公司高层讨论，选择并明确了 OKR 实施的原则框架。OKR 不与绩效挂钩，主要作为管理员工的目标和方向是否正确的工具。OKR 定位于公司愿景、使命与公司战略目标和日常任务之间的桥梁。员工的日常绩效继续采用 KPI 等方式来规范，通过绩效考核来落实。

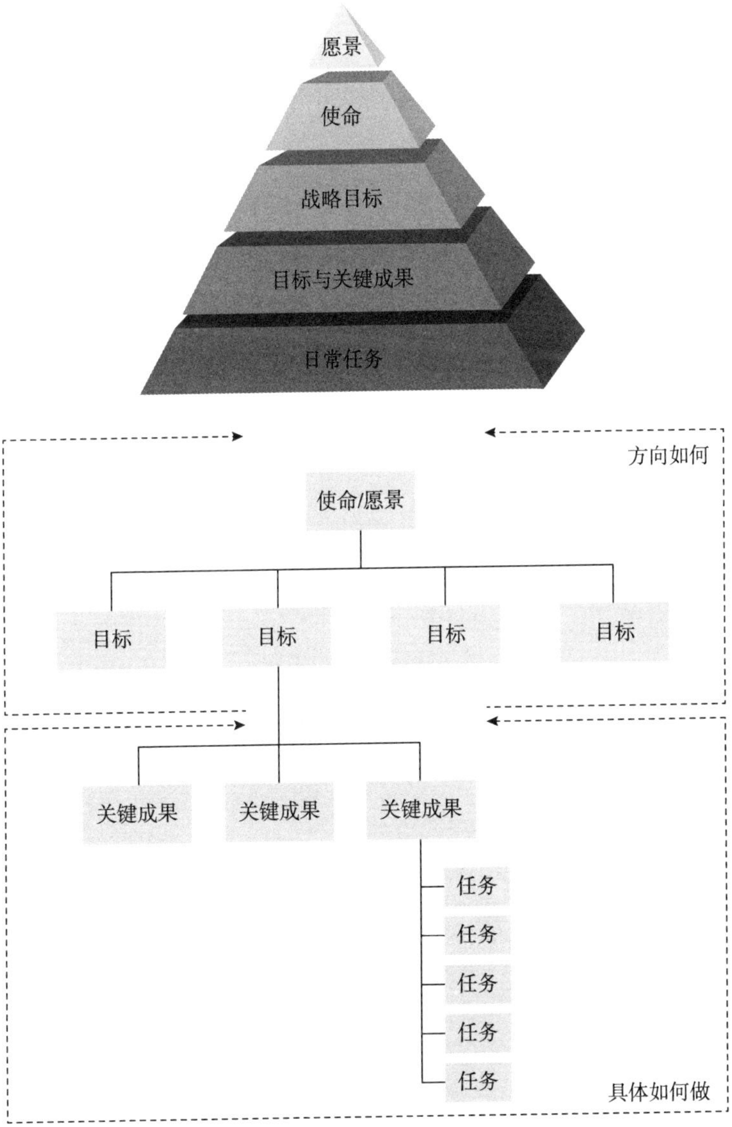

图 6-4　OKR 桥梁

第三步，通过前期工作的沟通，公司高层之间取得共识，决心推进 OKR。HR 开始进行员工宣导和试点工作。

（1）员工层面统一认知，增加共识。OKR 作为一种较新的目标管理的框架和方法论，对于绝大多数人来说还是一个陌生的事物，即使有人有所了解也是一知半解。如果公司员工对 OKR 没有认知，直接推进 OKR，失败的概率是非常大的。

HR 为此利用各个部门会议机会，专门做了 OKR 实施的分享沟通会。会上 HR 与员工分享交流，公司实施 OKR 的初心是什么，能为公司和员工个人带来什么样的好处。为便于员工随时了解，HR 也制作了 OKR 内部 WIKI（维客）等，并以游戏化的方式推广给员工参与。

（2）引进 OKR 实施的专业人才亲自负责公司 OKR 的落地。在征求公司高层意见后，先在销售部门开始试点，用一个季度将流程跑通后再对全公司全面推进。

第四步，试点达到期望，HR 开始推动 OKR 在公司的正式实施落地。篇幅有限，我们省去非关键的实施流程，直接从 OKR 设定这一步开始。

（1）公司 CEO 设定自己的 OKR（等同于公司级 OKR）：公司产品影响力位居市场前三，创新业务取得重大突破。计划和行动方案：

- 公司用户产品总用户时长提升至 ××× 分钟；
- 新用户 30 日留存率超过 ×××；
- 公司总营收增长 30% 至 ××× 元；

- 创新业务至少实现两个日均 DAU 超 100 万元的项目落地。

（2）各部门总经理在公司 OKR 的方向下设定各部门的 OKR。

比如，销售部门的 OKR：公司销售收入市场份额增长率第一，人均销售效率位居榜首。行动方案：

- 大客户收入同比增长 20%，大客户总数净增加 5 家；
- 中等规模客户收入同比增长 30%，中等客户总数净增加 100 家；
- 蓝海开拓带来的收入≥ ××× 元，新增蓝海客户≥ 800 家。

（3）各部门主管和员工设定本人的 OKR。

比如，大客户广告销售主管制定自己的 OKR：大客户销售人效位列第一，客户留存率第一。行动方案：

- 大客户销售人效超过中等客户人效的 5 倍；
- 大客户流失数≤ 1；
- 客户满意度≥ 100%。

请记住公司和部门 OKR。有句话叫“懂得所有的道理，依然过不好一辈子”。虽然之前我们请教和了解了许多前辈的“血泪史”，也请了踩过坑的专业人士亲自操刀。但是一进入实际场景，还是避免不了出现很多问题，犯不少错误，而只有深刻理解了错误的原因和避免错误的方法，我们才能真正让 OKR 落地生根，结出果实。

- 错误 1：O（目标）太远太虚无。

最初确定的 CEO 的 OKR 中的 O 是：我们要成为一家伟大的公司。这很令人困惑：什么叫伟大的公司？以什么标准来评价，营业收入规模、利润水平还是用户产品的市场份额，抑或是你对社会的贡献？而且，成为伟大公司是一个远期战略目标，与今年的 OKR 有何关系？最初制定的 O 并没有让 CEO 之下的公司高管层搞明白，就更谈不上让中层、基层理解和实施了。

- 错误 2：父子目标矛盾。

最初大家的做法是部门直接将公司的父 KR（关键结果）简单拆解作为部门的 KR，个人同样直接将部门的父 KR 简单拆解作为个人的 KR。最终发现大家依然习惯性地只是把 OKR 当作一个拆解的工具，而不是站在更高层面思考解决问题的有力工具。如果沿着这条路线走下去，OKR 的实际意义将大打折扣。

举一个正确做法的例子。公司的 OKR 中明确有一条——公司的效果广告收入增长率位居第一。各个部门需要从整体一盘棋考虑自己的目标。先将效果广告营收模型简化为广告收入 R=Fx［可售卖库存 × 售卖率 ×CTR× 广告单价 ×（1– 损耗率）］，而可售卖库存与用户产品的用户数据正相关。

对于用户产品部门来说，首要目标是满足用户的期望，通过服务于用户来提升用户的留存率，减少用户的流失率，最终提升 DAU。在满足公司收入利益正向的前提下，提升产品商业库存，从而给后面的部门创造更多的营收空间。实际上，做到这些已经超出公司 OKR 本来的期望了。

商业部门一方面需要创造更多的商业库存和提供丰富的广告形式，扩大库存。另一方面需要提高 DAU 到商业库存的转化率，提高每个商业库存的 CTR 及转化效果，极大提升商户的投放效果等。通过商户的效果满意来提升客户的留存，减少客户的流失。同时，也需要与用户产品部门建立效果广告收入的收益—对用户体验影响之间的收益模型，将KR定位在长期对用户有利的营收上。

而营销部门聚焦在售卖率、广告单价等方面，但是如果只关注这些，就有可能出现只关注短期效果而忽略长期效果的情况。因此营销部门的OKR中还应该包括提升客户满意度的举措。总之，各部门的OKR并不等同于上述父KR的简单分解，而是有了自下而上的思考。

- 错误3：只有过程没有结果。

最初，产品营销部门的KR是：我们要打造一场顶级的产品发布会将产品公之于众，并且邀请多家知名媒体报道和传播。但是这些其实很明显只是过程，做完发布会、邀请知名媒体报道与产品是否有预期效果没有必然关系。

我们从OKR的字面理解，KR即Key Result，也就是关键结果，而不是手段、途径、方法。如果跟产品方向有偏差，对达成的结果不是很清晰，很容易造成最终达不到理想的结果，这跟我们所需要的OKR的精神是背道而驰的。

- 错误4：没有规则。

比如，销售主管的KR里有一条：客户满意度≥100%。这里面有个衡量的问题。首先，这个客户满意度如何衡量，如何评价？不同团队的评价是否公允？更为重要的是，即使可以评价，评价的数据来自销售本身，很可能是销售本身可以操作的，维护规则公正性的成本太高，不利于统计和评价。

- 错误 5：把 OKR 当任务列表。

比如，将 OKR 视为待办事项清单，或创建过多 OKR，或设定无法操作的关键结果，这都会导致团队不知道如何改进这些结果。

在正确做好 OKR 的路上，我们需要避免上面的大坑。

（4）横向协同。在初步设定 OKR 之后，下一步需要解决以下几个问题。

- 以目标作为绳索，将业务相关团队串起来，在绳索上找到相互间的关系。任何部门都会基于部门的定位来考虑问题，部门定位的不一致必然带来目标的不一致。而 OKR 就是用来协调这个问题的。

我们需要将公司按照几条线串起来。比如，按业务流串起来。用户产品部门、商业产品部门和销售部门实际上都是为了更好地完成公司的商业目标，给公司带来商业收入，因此可以将这些部门的 OKR 放在一个盘子里串起来看，大家的 OKR 会不会互相打架，会不会个体效率高但是整体效率低，最终导致 1+1<2。如果有不协调的，按照整体利益最大化的原则进行调整。再如，按照价值流串起来。从为客户提供价值的角度将相关部门串起来，大家互相之间的 OKR 的最终目标是从整体上最大限度满足客户的需求，给客户带来价值。当然还可以按照信息流等串起来。这样，通过这几条绳索，各部门的 OKR 就能实现协调共生。

- OKR 的公开透明。为避免各部门的 OKR 成为孤岛，公司建立了一个公开的 WIKI 系统来实现 OKR 的共享。任何人在权限范围内都可以查询其他人的OKR。通过信息共享公开，解决了以下问题：各部门知晓其他团队都在做什么，所负责的项目做到什么水平，避免重复浪费；可以使得好的经验迅速普及到其他部门，实现整个公司的工作都保持在高水位；为大家营造一个自信、协作的文化氛围。

公司也希望在未来条件允许的情况下，能开发一套专门做OKR的内部协作软件，实现智能协作和同步，让大家的内部效率得到更进一步的提升。

（5）监督。在之前的讨论中我们能深刻体会到，没有CEO的重视和亲自参与，OKR很难推行。因此在这次OKR的推广中，HR请CEO亲自挂帅，身先士卒做出表率，认真合规制订了自己的OKR并严格监督OKR的执行效果。CEO的重视和表率带动了各部门负责人参与到OKR的推广当中。但如果仅仅靠由上而下的表率是远远不够的。

如果没有看到OKR的真正效果，没有对大家的工作带来好处，OKR很难持续下去。因此，下一步HR主要聚焦以下两件事。

一是，HR与业务部门负责人一起，跟踪OKR的实施情况并随时解决OKR落地中遇到的实际问题。同时，定期或不定期更新OKR，将不符合目标要求的或者不合时宜的OKR剔除。而且，规定每周例行检查日，在这一天，OKR检查部门会对OKR进行全方位的例行检查，保证OKR能真正落地，成为一种管理习惯。

二是，HR组织抽取OKR实施中带来的好成果，帮助业务取得成功的优秀案例、实例，对取得成功的案例、实例进行专项嘉奖，刺激大家投身 OKR 工作的积极性，并通过内部协作平台将这些案例、实例分享给更多的部门。

部门和员工看到效果、得到实惠后，OKR 的实施从一种由上而下的被动行为变成了员工主动积极参与的行为。大家随时复查政策，让充满动态的 OKR 取代一成不变的年度计划。

真实的一揽子解决方案

所谓一揽子解决方案，包含两层意思，一是这是一个整体解决方案，不能是一个头痛医头、脚痛医脚的方案。二是这个方案包含了一价全包，问题到我这里就终止的意思。即使解决方案里的许多工作任务包含了非 HR 职责的部分，你也得把任务领走并负责把所有事情终结。

我以一个实际案例来简单解释如何制定一揽子解决方案。

一家生鲜食品电商公司处于起步运营阶段。随着几位合伙人和业务领军人物陆续到位，搭建团队和确定战略方向成为第一要务，CEO 第一时间找来 HR 总监。为统一思想，厘清思路，HR 总监组织公司全体高层花好几天的时间讨论了公司未来战略、目标用户、产品方向、商业模式、竞争策略等，也讨论确定了公司的使命、价值观，并最终制订了公司的业务运营计划。

▶ CEO 的核心需求是什么？

CEO 会后单独找 HR 总监，提了几点要求：

- 要让每位员工理解公司的使命，准确理解公司战略方向，让团队上下同心，使命必达；
- 招聘进度保证业务发展需要，把招人作为全公司所有管理层最重要的工作并进行敦促；
- 设计一套吸引优秀人才的薪酬方案；
- 让优秀人才来公司后安心投入，专心做业务。

HR 总监简单归纳并将 CEO 当前的核心需求进行翻译：

- 我们要做什么？
- 找谁来做？
- 如何让大家安心工作？
- 如何让大家做好，并得到回报？
- 要创造什么样的文化和环境？

▶ HR 行动计划

针对 CEO 的这些需求，HR 总监整理了解决思路并制订了行动计划。

1. 我们要做什么？

这包含了两个问题。一是要明白公司战略是什么以及公司远期想成为一家什么样的公司。二是我们如何分解战略目标，并采用什么策略来帮助实现战略目标。当前的前提是搞清楚公司的使命、愿景和价值观。

（1）使命：让用户低价享受高品质生鲜食品。

（2）愿景：创造一个共赢的生态，回馈用户、合作伙伴和自然环境。

（3）价值观：信任、共赢、价值、快乐。

（4）战略目标及首年目标：五年到七年内成为中国第一大高品质生鲜食品电商。运营首年购买用户超过 20 万人次，复购率超过业界平均水平，平均客单价 300 元 / 月。

（5）竞争策略：学习 Costco（开市客），控制毛利，专注头部 SKU（库存量单位），高品低价。

（6）战略分解：

- 主营业务品类：公司管理层及选品部门研究确认生鲜食品的品类规划，并确定每个品类的公司聚焦主营的头部 SKU 名单；
- 原产地采购：采购部根据品类规划，组建原厂地采购团队与原产地展开直接谈判，主要采用直采和包销模式，降低单位成本；
- 自营农场：农场部依据品类规划，生产高频低毛利基础产品，并对自营农场选址、建筑规划、生产品类规划、生产周期、与业务上下游对接、财务模型等做出计划；
- 生产联盟：在符合公司标准的前提下，建立立体生产联盟，保障公司长尾品类的 SKU 的丰富性；
- 监测标准：建立公司的检测标准，有机绿色和无公害可参考欧盟和中国标准，选择安全和经济的最佳平衡点，与外部的检测认证机构合作取得认证标志，赢得消费者的信任；

- 仓储物流：建立混合温区仓储和物流体系，在超大城市郊区建立大型混合温区仓库，在城市用户集中区域建立前置仓，引进市场龙头物流企业负责配送；

- 技术产品：核心模块直接引进成熟电商公司的业务系统，自研开发业务流程、资源管理、销售运营和数据系统，底层架构高标准，业务系统可拓展；

- 运营营销：基于电商行业成熟的商业模型设计公司的运营体系，线上以社会化营销为主，线下以体验式的产品营销为主；

- 后台保障：公司财务、法务、人事等部门支撑平台提前到位，并参与整个业务流的设计、商业模型的测算等。

（7）行动计划：

- 4月15日前，公司成立选品委员会确定工作规程，在4月30日前确定品类规划和公司主营头部SKU名单；

- 5月20日前，公司组建完全国五大区原产地采购团队并提前完成业务培训；

- 7月30日前，引进农业技术和种植专家，完成生产品类规划，开启种植前期准备，9月30日前完成自营农场选址，12月31日前完成建筑规划和基础设施建设；

- 5月25日前，第一批检测专业设备到货接收并安装调试，检测专业团队到岗完成流程培训；

- 7月30日前，完成仓储和物流专业骨干团队搭建，8月30日前，完成仓储设施建设及规划，完成与外部物流企业的流程对接和人员培训，9月1日正式试运营；

- 4 月 30 日前，完成核心技术产品团队搭建，完成技术产品需求调研，5 月 1 日开始产品开发，7 月 30 日前开启内测，9 月 1 日正式上线运营；
- 6 月 30 日前，完成销售运营核心团队搭建，8 月 10 日前完成用户调研与各渠道对接，确认第一批种子用户，8 月 15 日开启试运行。

在这个行动计划框架下，各部门制定了更详细的工作分工表并分配到各相关责任人。各责任人作为项目工作的 PM（项目主管）负责敦促执行。

2. 找谁来做?

HR 总监需要把之前公司战略讨论会讨论的战略方向领会清楚，全程跟进公司战略分解，与各部门负责人确认明确的招聘需求并落实到计划。

招聘启动之前，HR 帮助确立了招聘的几点原则。

（1）公司只招聘诚信的成年人。成年人的意思是他们永远知道自己追求的不仅仅是短期的利益，更有事业的成功。因此他们的目标更清晰，也更能驱动自己。

（2）永远欢迎有潜力的人，既包括掌握熟练技能仍追求进步的资深员工，也包括初出茅庐的学生。唯一需要的是有发展的潜力和意愿。如果没有潜力，宁缺毋滥。

（3）需要多方观察，但最终决策权属于业务部门面试最高负责人。HR 在价值观上拥有一票否决权。因此，在面试流程上，业务部门应至少面试两轮。

基于如上原则，最终落地为具体的招聘进度表执行就好。

表 6-2 × 电商公司招聘职位计划（截至 2019.11.29）

职位名称	重要度（由低到高 1—3）	期望到岗时间	招聘负责人	在招人数	招聘进度							备注
					总推荐数	本周推荐数	邀约面试数	实际面试人数	通过初面人数	复试人数	可沟通 offer	
用户产品中心				31	482	136	91	73	40	22	9	
用户增长产品经理	3	2019/12/31	张三	7	110	24	8	5	3	1	1	
前端交互开发工程师	3	2019/12/31	李四	4	90	25	18	12	7	4	2	
高级产品经理	2	2019/12/31	张三	3	20	12	9	7	3	1	0	
商品策划	2	2020/2/28	王五	2	25	10	8	7	2	1	0	
运营专员	1	2020/2/28	王五	5	110	30	23	19	10	6	2	
社群运营专家	1	2020/2/28	王五	10	127	35	25	23	15	9	4	

3. 如何让大家安心工作？

（1）架构清晰，责权利统一

HR 总监先做了两件事：一是将公司架构按照大部门、小团队、扁平化和交叉，将公司的 KPI 层层分解到团队，并将每个团队的职责权限与 KPI 对应匹配。按照业务流的逻辑，梳理各团队在业务流中所承担的职责和权限。除职责清晰的之外，对于交叉或协作职责，如产品体验的要求、复购率的要求等需要多部门协作的职责，确立由某一个部门牵头负责，其他相关部门以委员会形式加入共担责任的方式来处理。最后制定了公司的责权和 KPI 体系公布给所有二级部门。二是基于 WIKI 建立公司信息共享平台，将各团队 KPI、项目进展等信息内部公开，给各部门的不同层级人员提供不同的查看权限，让大家能最大限度充分互通信息。看起来很矛盾的操作是，在责权明确之后，下一步我们的所有工作却是让大家的职责不要那么明确，要保证在出现职责真空的时候大家能互相补位。

（2）追求结果的工作文化

HR 总监与创始人沟通取得一致后，公司先确立了几点基本工作原则：简单透明，对事不对人，数据说明一切，然后设立一切措施保障落地。

比如，CEO 和公司高管每个月至少召开一次与部门全体员工（可自主选择参加或者不参加）的畅聊会，会上有两大主题，第一主题是公司高管就公司业务的最新进展以及业务中遇到的障碍与大家同步，也会分享一些市场信息给大家；第二主题是员工就最近最关心的问题向领导提问，公司高管必须正面回答，如果员工认为回答不够正面的，HR 可以督促，并在会后给予该高管一定的小惩罚。此外，员工的绩效分布等信息都要公开公示，以此为示范，透明简单的文化理念在公司内部将很快落地。

再如，建立对事不对人奖惩制度。从 CEO 由上而下以身作则，开会和讨论工作时平等对话，广开言路。CEO 或公司领导对工作评价仅限于事情本身，如果发现有不符合此条原则的行为，可以事后向 HR 反馈，HR 督促 CEO 或公司领导自罚。对于各部门在业务讨论、工作建议中关于对事不对人的建设性意见，各部门可评选并给予奖励表彰。

4. 如何让大家做好，并得到回报？

在薪酬设计上，HR 将公司所有员工分三类并分别设计不同的薪酬架构。

- 合伙人：低于市场水平的基本薪酬，高比例的期权并且限定退出条件，合伙人的回报主要看未来的期权。
- 高管及核心骨干：保持与市场平均水平的基本薪酬，提供期权激励。
- 其他员工：提供有市场竞争力水平的基本薪酬，只有业绩优秀同学享受奖励期权。

在奖金设计上，采用短期及时激励 + 多形式奖金激励 + 长期激励的立体激励体系，强调长期激励的作用。

- 所有部门都拥有及时激励的预算，各部门制定详细的激励规则，及时激励与部门 KPI 或业务产出直接挂钩，HR 保障激励及时性，应保证当天发放。

- 除销售单独享受回扣外，按项目核算到每一批次的商品或项目上，如果商品或项目有超额利润，可以提出奖励参与项目和商品售卖的相关团队，此奖金不包括公司平台部门，平台部门依然采用分解到部门的 KPI 与个人 PM 结合的激励模式。
- 规定几类情况可以享受长期激励：年度业绩处于 15% 优秀区间的、对公司项目有特殊贡献的、获得公司或部门表彰的、长期服务公司的。

5. 要创造什么样的文化和环境？

HR 跟 CEO 单独聊了几次，了解到 CEO 对文化的几点核心要求：务实，求胜，创业心态。HR 结合人选的需求又加入了共同发展。为了让文化真正落地，HR 总监没有把重点放在口号和写在纸上的文字，而是聚焦在从领导层由上而下的实际行动，用一些潜移默化的措施引导大家付诸实践。

比如，为了体现公司创业心态和平等的精神，全公司均为开放式办公区设计，老板没有独立办公室，与大家坐一样的工位。会议室也做了区分，设立了开放式的休闲区，座椅可以随意摆放和拼凑，不但可以供大家开小会，平时也可以用于面试等其他功能。另外，只设立了几个大会议室用于需要保密会议或者大会沟通。

为了体现务实，拒绝形式主义，公司业务汇报拒绝 PPT 汇报，而是直接用数据展现。内部 IT 部门开发了统计系统，将业务进展做到实时数据统计系统中，各位负责人可以实时查询。HR 制定了开会纪律，控制了开会时间，提升了开会效率。HR 设立最不完美奖，邀请CEO或其他合伙人定期拿出团队在开发效率中做得非常好，但是当时产品很不完美的案例进行嘉奖，让大家深刻认识到工作并不是要追求完美。

为了让员工感受到共同发展，公司提供给员工一定的经费购买书籍或学习用品。公司要求大家把代码同步到公共的代码库，以便于互相学习分享等。

这些一点一滴的小措施能让文化生根发芽，等长大的时候自然会连成一片森林，最终让文化的生态在公司发展壮大。

▶ 如何升级方案解决企业的新问题？

随着公司业务快速推进，在公司运营第二年结束进入B轮融资的时候，公司的股东之间发生了一些分歧。除创始人代表之外的第一大股东坚持公司走大众生鲜路线，目标瞄准低价走量的生鲜产品，线下与海鲜市场、沃尔玛及家乐福等大超市的海鲜专卖区，甚至社区海鲜市场竞争。而创始人希望坚持高品低价的路线，目标瞄准城市中产阶层——对海鲜食品品质有要求的消费人群，主打忠诚度、复购的路线。

这种分歧首先体现在公司决策执行上，产生了一些困扰。由于缺乏股东会的约束，创始人实际掌控了董事会的决策职责，其所代表的实际决策层推动公司走高品低价的路线。但实际执行中，资金消耗非常大，未达到预期的目标。第一大股东方强烈要求转型，否则可能抽回资金。股东方派驻公司的决策层也在执行上与创始人有明显分歧。

1. 优化公司治理

公司治理是问题之源。为了解决好这个根本问题，HR 总监与创始人团队一起讨论确认了解决方案。

创始人团队与第一大股东方磋商，在路线选择上得到了股东方的支持，并给予股东方相应的承诺。因初期不规范导致股东会对董事会的授权被董事会架空的情况，未来承诺严格按照公司章程中明确的公司股东会、董事会、监事会、管理层的职责和关系执行。

同时为了避免股东之争导致路线的摇摆，董事会联合其他股东方决定引进另外一家大型战略基石投资者，以保障大盘的稳定，还适当引进一些中等投资者。同时改进 A/B 股投票权，让管理者代表的股东方能牢牢控制住公司的决策权。理顺股东会和董事会、监事会的关系后，后面也开会重申了董事会做出公司决策的合法性和严肃性，规范了管理层执行的纪律要求。

2. 升级组织结构

公司业务进展顺利，C 轮融资后进入规模化扩张阶段。公司业务迅速扩展到全国，人员规模和业务类型也在迅速扩张，管理问题开始严重制约业务发展。比如，由于之前是业务优先，决策权完全放在一线，过分的授权导致营销体系和产品线的混乱，给消费者造成了很大的困扰。另外，也导致了许多不合规的操作发生。此外，多业务体系下各自为战，大家互相不协调、不沟通，产品分割严重，也导致重复建设，给供应商留下钻公司政策漏洞的机会。公司统一协同作战的效率极其低下。为了解决这些问题，

HR与CEO取得共识，先下沉到一线与各业务线领头人和一线员工分别做了摸底沟通，条件成熟后，召集所有业务的一把手一起到总部开闭门会议。经多方沟通探讨后，最终决定在组织架构上做一些调整。

（1）改革组织架构为小集团、大平台加上事业群的三级组织架构模式。将集团的管理权限缩为确定公司战略方向、资源调配、政策底线、投融资等业务管理，以及对各事业群一把手的引导、培养、管理。将公共平台业务，如采购种植、仓储物流、业务系统、资金池等统一纳入，供所有前端事业群共享使用。

（2）改革原来条块分割的团队组织模式，建立大团队、规模化作战的团队模式。弱化管理层级，扁平式管理提升效率。为了减少中间的人为管控导致的管理效率低下，沟通效果不佳，以及人际复杂的问题，业务系统平台贴近业务开发了业务系统，尽可能让业务流程、数据流、信息流在系统上运转，减少人为的调整，从而保障了扁平式管理模式，减少了中间管理层。

（3）将各业务群的所有财务、人事、法务、审计合规人员统一收编成立垂直管理线，隶属集团统一管理。集团通过业务系统和垂直系统两条线，实现对业务的双管控，让垂直系统能真正站在集团的高度，从更高、更长远的角度看待业务问题，既能帮助集团发现一线的问题，也能使集团更长远的规划更好地在一线落地。

3. 吸引顶尖人才加盟，与内部人才培育并举

（1）因业务扩张过快，内部人才培养跟不上业务发展需要，

HR 加大了对市场优秀人才的挖掘。首先推出几个百万人才猎寻计划：百万工程师、百万销售、百万运营、百万农业专才。HR 成功游说取得 CEO 支持，专门对这些专才推出了丰富的期权计划，极大吸引了市场优秀人才的青睐。为保证入职成功率，HR 还推出了一把手游说大使项目，每引进一个专业牛人，哪怕级别没那么高，也要求业务高层亲自面见游说，增强业务方向上的游说力和吸引力。而对于高端人才，主要驱动投资方、合伙人发动业界的人脉关系进行推荐游说，同时也请猎头帮助猎寻。

为增加品牌吸引力，HR 与 PR（公共关系）部门合作，联合专业领域的自媒体大牛，策划了公司的品牌宣传，潜移默化地把公司的美好未来、文化和团队的闪光点传递到真正的牛人那里，取得了一定的效果。

（2）为了给人才提供清晰的事业发展路径，HR 将所有序列的职业路径划分为专业线和管理线。员工可以自主选择从哪个路径向上发展，拓展了员工的事业路径，推广后受到业务部门的极大欢迎。

除此之外，将事业蓝图、公司目标与部门绩效及工作目标紧密挂钩，在战斗中提拔英雄。制定了可以快速晋升的绿色通道，使得业务优秀分子能够尽快得到回馈激励。既保留了人才，也推动了业务的快速前进。

（3）为了充分锻炼人才，经 CEO 倡议，HR 负责在事业群推行集体决策制。集体决策制将每个事业群的三位最核心的班子成员纳入进来，大家共谋决策，既能让决策不至于走得太偏离，也间接锻炼和培养了未来的领军人物，不至于一把手突然离职后公司无人可接班。

同时还在仓储物流和营销体系启动了小范围的轮岗机制和接班人计划，极大扩展了部门业务人员的业务多样性和全面性，也为公司发现未来可塑人才提供了机会。

（4）为大家提供了丰富实用的培训计划。培训计划开始走向全面和体系化，但是预算的重点用于以下几个方向：业务一线的核心技能、流程和业务关键知识训练和固化培养；业务高层的领导力培养；骨干人才的价值观和管理能力养成。

4. 激励机制从简单走向精细

公司业务进入全新阶段，在激励上面临越来越多的问题。比如，从市场引进的顶尖人才与公司原来人才之间的薪酬差异问题；公司早期完全依靠强事业愿景来激励员工的方式遇到了障碍，因为公司不太可能再全员持股，完全依靠期权来激励员工；团队规模扩大，进入正规军打阵地战的局面，也需要有一套完善的激励机制保障从领头人到底层员工到外围人员的利益；等等。

HR针对公司面临的挑战逐步让激励机制从简单走向精细。

对于基础薪酬，采用基础薪酬+岗位薪酬+基础绩效的架构。对于拥有期权等长期激励的管理层采用较低于市场的基础薪酬和岗位薪酬。而对于其他人员，则向有市场竞争力水平的薪酬结构靠拢。

对于短期激励，公司设立独立核算的业务单元，并将团队和员工的个人目标与独立业务单元的目标挂钩，一荣俱荣，一损俱损。同时站在公司大盘的角度来分配资源，将短期激励资源向业绩完成较好的业务板块倾斜。除各业务单元、各部门的短期激励项目外，设立全公司的各类激励项目，以及针对跨部门协作项目的激励。

对于长期激励，缩小期权发放的范围，控制在公司管理层以及核心业务骨干。考虑到未来在海外上市，公司主要采用期权的方式，但是针对外围的核心骨干，公司也设立了股票增值权的激励方案，给予部门预备梯队的员工期权奖励。

5. 文化沉淀和升华

公司业务大规模扩张，难免遇到文化被稀释的问题，原来良好的传统丢失，价值观也被淡化。同时过多的短期刺激让大家忘记了公司的长远利益，没有文化的凝聚力，团队之间没有黏合剂，显得松散而缺乏战斗力。为此 HR 也在公司发动了文化升级的行动。

首先，HR 与公司高管一起讨论了文化的更新迭代，修订了公司文化价值观，并将价值观考核写入公司绩效考核之中，让文化首先在全员范围内硬着陆，让员工感受到公司的期待。其次，公司选取了在市场竞争中做出表率的一些典型团队和案例，在公司范围内给予宣传表彰，并邀请团队分享他们的经验和体会，让全员学习这些团队是如何用文化武装自己并取得胜利的。公司在干部提拔、员工表彰上，给予大力支持。CEO 也开始倡导 OKR 的方式，以身作则在公司推行 OKR 等更加着眼于公司长远利益的项目。部分部门开始试点，通过 OKR 的落地试行，让员工学会不仅聚焦眼前的KPI短期目标，也需要更加关注公司的长远利益。

当然，新阶段面临的问题还有不少，HR需要做的升级也非常多。但是有一点，只要紧跟业务方向，抓住业务需求，创造良好的收益，最终这些项目都将产生良好的效果。

07 如何让执行完美落地？

HRD

没有执行，再完美的计划都是空谈。

做了十几年的HR工作，我见过形形色色的人。长期观察下来，真正最终取得成就的人反而都不是当年所谓最聪明、道理讲得最明白但不行动的人。那些被我称为有所成就的人，他们的共同特征是行动力超强。当然，这里行动力强悍不代表不思考，盲目硬上，而是一旦有了主意，当做一件事带来的收益高于风险，且能达到自己预期的时候（每个人的风险偏好不一致），他们会恨不得不吃不喝也要马上行动。

这个世界上，大部分人都是普通人，受限于人本能的束缚，这还要从人类的进化说起。在漫长的人类进化过程中，一个最基本的进化方向是风险规避，以有利于基因的遗传。那些不顾风险的冒失鬼更容易在事故中丧命，基因没有遗传下来。比如，听到草丛中有莫名的声响，还站在原地茫然不动，下一步迎接他的很可能是一头饥饿的老虎或狮子。基因得到遗传的大多是风险规避比较好的人类。长久下来，人类大脑在进化的过程中形成了一套本能的风险规避系统，当面对未知或者有风险的事情时，大脑会本能抗拒。因此谈到执行，首先要看如何与人的本能做斗争。

在让计划完美执行的道路上，对于人的管理至少有两个努力的方向：一是通过文化、使命、正向激励去引领员工的意愿、动力，从而使员工产生自发的行为；二是从负面教育、羞耻感、纪律与处罚去鞭策员工的行为，最终使得员工行为达到期望效果。我们需要考虑由制度、流程、规则而不是依赖个人来让整个系统运转起来。

信仰和信任让员工成为自驱发动机

▶ 信仰带来激情

最开始我理解的执行力很简单。你设计好流程和规则，然后像要求车间流水线上的工人一样，鞭策员工按流程、规则没日没夜苦做就行了。后来我意识到情况没那么简单，人是一个复杂的感情动物，如果员工内心没有动力和意识的话，执行的效果是非常差的。比如，对一位迪士尼乐园的员工，你可以要求他按时上下班，要求他上班的动作，甚至要求他遇见顾客脸上必须露出笑容，但是如果员工内心不快乐，是很难装出快乐并感染游客的。

拥有使命感，员工内心有动力和意识，企业才能拥有强大的执行力，这是流程和规则做不到的。这方面最典型的就是专业慈善机构。目前许多慈善机构，并没有特别强大的指令系统要求员工必须这样做或那样做，也没有十分详尽的规则规定员工面对多种复杂情况的时候应该如何做。这当然也是因为慈善工作面临的环境是复杂多变的。但是这些慈善机构的执行力一样十分强大，员工不仅会发自内心地主动完成自己职责内的工作，还会毫无怨言主动地帮其他人承担工作职责。

▶ 信任带来承诺

在海底捞工作，倒是有十分详尽的服务流程和服务规则告诉员工应该如何做，但是很难制定详尽的规则规定当面对顾客提出的各种需求时，员工应该做出何种对应恰当的服务行动。员工的目标是要让顾客满意，但顾客满意的标准如何界定？如果顾客提出的要求超出员工个人职责，员工该满足还是委婉回绝？比如，顾客在店里用餐时让你帮他买一盒烟，而在店内抽烟又是海底捞明令禁止的，你应该怎么办？再如，店内促销礼品送完了，而客户坚持要你赠送，你该如何处理？这些情况都比较复杂，需要综合各种资源和现场的情况处理，就必须要看员工本人是否有真正的动力和意识。

海底捞的做法是，给予员工充分的信任，给予其相应的授权。要相信善良的力量，相信员工本身有追求向上的意愿，这样做，收获的也将是丰厚的回报。你善待了员工，信任了员工，员工将这些快乐和承诺回馈顾客，从而让公司达到最终的目标。

对大多数企业来说，让员工拥有使命感，才能真正解决员工的原动力问题，才能有后面提到的一切。让员工由衷地主动思考，发挥主观能动性，从而提升执行的灵活性，员工本人也会感受到执行的乐趣，而不是枯燥。

利用大脑的奖赏机制，让行动变得愉悦

工作中我们经常遇到这样的同事，领导的话还没说完，就激动地跑出去执行了。他们像行动的巨人，思考的矮子，做起事来像一只无头苍蝇，经常是事情做了一大堆，结果却可能把事情都搞砸了。这样的执行并不是我们想要的执行。我们行动前需要搞清楚目标制定的逻辑，以及计划执行后最终想要达成的目的。

▶ 将工作任务拆解成可执行的阶段任务

现实中要让计划真正妥善执行下去，还需要将计划拆解为具体的一个个小步骤。

举个例子。为了身体健康，身材更好，我们的目标是一年内减重 20 斤。目标和背景都很明确。问题是如果你不把目标拆解为具体的步骤，则很难坚持下来，很容易在中间的某一个环节松懈，然后就放弃了。原因依然是基于人类进化过程中的反馈机制。在自然进化过程中，因为环境恶劣，人生存下来的难度比较大，因此人很难立足于长远考虑，如果看到一颗水果，第一反应是马上吃掉而不是储藏起来等以后再吃。大脑对进食补充能量的行为立刻做出反应，分泌多巴胺进行奖赏，以鼓励更多的行为。实际上，现代社会的能量已经过剩，但大脑的奖赏机制依然跟几万年前一样。

简单说，大脑奖励的是着眼于眼前如何让人生存下去，并不一定是长远的身体健康。在这种机制下，减肥就是一件跟人的本能抗争的事情。你的身体本能告诉你高热量食物好吃，人躺着更舒服，而减肥需要你抵抗诱惑，抑制欲望，逼迫自己不管风吹雨打都要出去运动。这本身就是一件很难坚持的事情。也许坚持一个星期可以，但是日复一日坚持一年，对于普通人来说相当难。

解决的思路就是把这个计划拆解为一个个的步骤。比如，我这周的目标是跑步 14 公里，坚持吃 14 顿减肥餐，然后进一步分解为平均每天跑步 2 公里，吃 2 顿减肥餐。你只需要着眼于眼前，跑完 2 公里，吃 2 顿减肥餐，这个任务还是容易完成得多。这样一步一步地，积累小的计划完成情况，最终完成大计划。

工作中的计划拆解跟减肥的道理一致。

▶ 像游戏一样提供及时反馈

如同上文所讲的人类的进化反馈系统一样，人之所以很难坚持一件很长远的事情，借一句俗话说，并不是真的不懂那些大道理，而是懂得大道理依然过不好这一生。当然这只是开个玩笑。

还是举个最简单的例子来解释。小时候，我们的父母总会给我们讲一些大道理，如让我们多读书，读书改变命运；要养成好的学习习惯，好的习惯是成功的一半；诸如此类。其实道理很简单，如果你每天坚持在课堂上认真听讲，每天坚持阅读 1 小时，回家完成作业并复习 2 小时，你的成绩一定不会差。但是终归没有几个人能做到。大多数成绩不好的学生不是稀里糊涂，就是懒惰不自控，平时睡懒觉抄作业，期末考试前临时抱佛脚。明明是一个切实可行也不存在执行难度的道理，为什么大部分人明白却做不到呢？

答案就在回馈。身体时刻在进行经济收益的对比，而且这个对比是随时的。比如，你每天坚持按时去课堂，意味着你早上要起床很早。你身体感受到的反馈是，继续躺在温暖的被窝里太舒服了，这是很明确的收益。而钻出被窝就马上感觉没那么舒服，而且钻出被窝坚持早起的收益你一时半会儿根本看不到，可能需要坚持一两年才能有明显的收益。

如果分解计划，你一个星期可能就能感受到身体的细微变化，数字告诉你已经完成第一节的计划了，这时你马上会收到大脑分泌多巴胺的奖赏。这种奖赏的愉悦感会推动你想马上继续下一个阶段。而这种让你身体自身愉悦的激励机制，将会使得计划更容易完成。

丰田五问法和项目管理工具，让管理在轨

▶ 丰田五问法

执行不仅仅是将计划照本宣科做下去，而是在执行的过程中，找到实际问题，解决它，完善它，形成规范，使之成为工作习惯。

以丰田公司的“五问法”管理与持续改善举例。

丰田汽车公司前副社长大野耐一发现一条生产线上的机器总

是停转，原因总是保险丝烧断了。每次虽然及时更换了保险丝，但用不了多久又会被烧断，严重影响了整条生产线的效率，也就是说，更换保险丝并没有解决根本问题。于是，大野耐一与工人进行了如下问答。

一问：“为什么机器停了？”答：“因为超过了负荷，保险丝就断了。”

二问：“为什么超负荷呢？”答：“因为轴承的润滑不够。”

三问：“为什么润滑不够？”答：“因为润滑泵吸不上油来。”

四问：“为什么吸不上油来？”答：“因为油泵轴磨损、松动了。”

五问：“为什么磨损了呢？”答：“因为没有安装过滤器，混进了铁屑等杂质。”

经过连续五次不断地追问“为什么”，才找到问题的真正原因和解决方法，即在油泵轴上安装过滤器。如果我们没有这种追根溯源的精神来发掘问题，就会像过往一样，只是换根保险丝敷衍了事，真正的问题还是没有得到解决。

五个为什么（5 Whys），又称为五问法，是一种通过连续提出问题来确定问题发生的根本原因的方法。这种方法最初是由丰田佐吉提出的，他的儿子丰田喜一郎就是丰田汽车的创立者，因此，五问法后来成为丰田汽车公司成功的重要法则之一，被称为“丰田科学方法的基础”——即使是基层员工遇到问题，也必须填写五问法的表单，每一层提问都要给出相应的解决办法，并找到问题的根源。

管理，有时候就是将一些看似不起眼的经验加以放大，重复地应用，使之成为我们的一种工作习惯。

▶ 善用强大的项目管理工具

任务计划管理工具有很多，最简单容易上手的有 Excel，专业一点的有 Windows Project，更专业的有一些针对特定项目开发的管理工具。当然，如果你的公司实力允许，也可以自己独立开发一套专门的任务计划管理工具。

这些工具外在差异很大，但是内核基本一致，主要包括几个功能：用于任务分解和进度管理的类似甘特图的功能，用于角色分配和权限控制的功能，用于协作办公和文档共享的功能，以及灵活的通知提醒等功能。

其实使用什么工具不重要，最主要的是对任务执行关键点的把控。

1. 分工和时限

目标和任务分解到最细颗粒后，要确保每一项任务都对应到人，确保每个人在项目中都有合理的分工。很多任务执行的问题都出在这里，要不是任务空挂或者不明确导致无人负责，要不就是多人负责导致推诿。等分工明确以后，就需要仔细规划项目的完成时限。有句俗话说，任何没有 deadline（最后期限）的任务和要求都是耍流氓。时限需要精细计算，确保子任务之间的协调，避免一个子任务完成后，空等其他任务完成后才能进行下一步而造成的浪费。运用统筹学的方法合理规划时限，保证整体效率最优。

2. 标准和流程

前面我们已经提到要搞清楚目标是什么，要将目标进行拆解，而这里还需要做的是明确计划任务达标的工作标准。在目标清晰的基础上，只有确立了标准，员工才能够有统一的刻度尺校准自身行为，从而实现行为的改变。

而作业流程是其中最关键的因素。大家需要坐在一起，正式在会议上就流程节点、上下游客户、对于上下游客户的交付物以及流程变更的处理等进行讨论，形成书面正式的材料并通告大家，而且就流程的标准提前说清楚，避免流程开始后发生混乱。

3. 节点与里程碑

到达任务结束终点之前，有许多任务的重要节点或里程碑。这就像你开车从北京去上海，你可以不用任何节点，直接从北京到上海画一条线，然后开过去就行了。但是事实上没那么简单，可能你到了河北，车出现了故障，或者时间延后于预定时间，你没来得及去校正改进，等快到上海的时候，你发现已经比预定时间晚了许多，再想调整已经来不及了。因此，我们必须在任务时限之前设定任务的重要节点与里程碑，把任务检查校正的时间提前，保证任务顺利完成。

同样，这也会给予团队更多的及时反馈和激励，更有利于他们完成大的任务目标。

4. 项目风险控制——红绿灯制度

任何任务的实施都不能百分之百保证按照预期完成，因此需要设定风险控制制度，如针对任务完成时间设立的红绿灯制度。对于按时完成的任务，亮绿灯；对于可能逾期的任务，但是逾期的时限在接受范围内的，亮黄灯；而对于严重逾期的任务，亮红灯。

对前文提到的计划任务管理工具，对每一项任务的完成用看板的形式亮起红黄绿灯，并将亮灯与员工的纪律和奖惩挂钩，能及时有效防患于未然。

5. 沟通

虽然前文所说的计划任务管理工具能有效将项目信息通告到所有员工，但是依然会存在许多问题，比如，信息不对称问题、流程不通畅问题、执行环境突变问题。这就需要大家及时互通有无，而且要定期开沟通会将遇到的问题及早解决。最关键的是，信息的透明性以及大家互相之间通过沟通消除信息误差和产生的误解。

6. 项目团队的激励

这点我们留在后文阐述。

总之，执行工作需要依靠流程和规范，而不是依赖个人的发挥。执行如同一个庞大健全的系统，依赖优秀的员工将系统的功效发挥到最大。

奖优罚劣，引导知行合一

上文说的都是如何调动员工的内心主动执行，而纯靠内因是不可能做好执行层面的工作的，还需要一些外在的约束，也就是正向的物质激励和精神激励，以及负向的纪律约束和惩罚制约。

▶ 工作激励的内在原理

工作激励的原理理论主要有三个方向：激励动机、激励过程和激励结果。

1. 激励动机

比如，马斯洛需求层次理论，将人类需求像阶梯一样从低到高按层次分为五种：生理需求、安全需求、社交需求、尊重需求和自我实现需求。

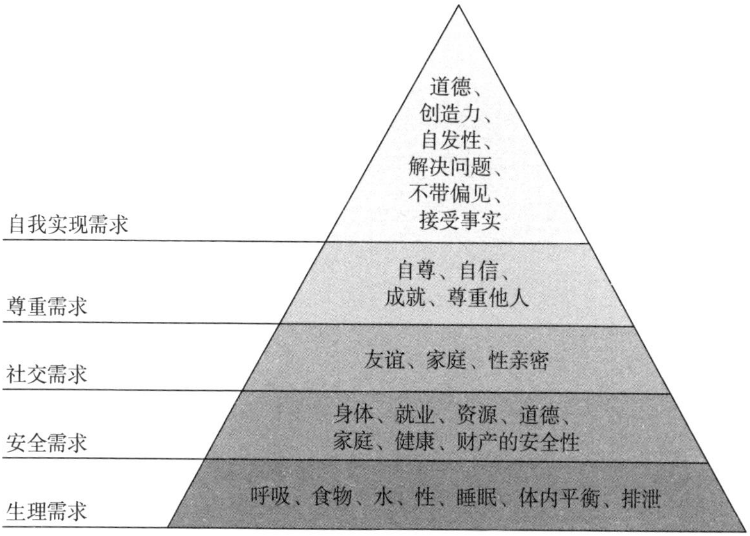

图 7-1　马斯洛需求层次理论

马斯洛需求层次理论承认人类具有一些先天需求，人的需求中越是低级的需求就越基本，越与动物相似；越是高级的需求就越为人类所特有。同时，这些需求都是按照先后顺序出现的，当一个人满足了较低级的需求之后，才能出现较高级的需求，即需求层次。但是在实际场景下，高层次需求得到了更多的关注，如自我实现需求（Self-actualization），低层次的需求被忽略。

实际上，绝大部分人更关心基本需求是否得到满足，而不是更高层次的需求，所谓有理想有追求的人毕竟是少数。我们需要根据不同阶层和文化区别激励的方向和需求。

2. 激励过程

（1）期望理论

期望理论，又称作“效价—手段—期望理论”，是管理心理学与行为科学的一种理论。这个理论可以用公式表示为：激动力量 = 期望值 × 效价。期望理论认为，要激励员工，就必须让员工明确：

- 工作能提供给他们真正需要的东西；
- 他们欲求的东西是和绩效联系在一起的；
- 只要努力工作就能提高他们的绩效。

（2）公平理论

公平理论可以用公平关系式来表示，也即自己对所获报酬的感觉 / 自己投入的评价 ≥ 自己对他人所获报酬的感觉 / 自己对他人投入的评价。古人云：不患寡而患不均，人的工作积极性不仅与个人实际报酬多少有关，与人们对报酬的分配是否感到公平更为密切。

3. 激励结果

斯金纳强化理论认为，人的行为是对其所获刺激的函数。如果这种刺激对他有利，则这种行为就会重复出现；若对他不利，则这种行为就会减弱甚至消失。因此，管理者要采取各种强化方式，以使员工的行为符合组织的目标。根据强化的性质和目的，可以分为正强化和负强化两大类型。

正强化主要通过奖励修正大家的行为从而达到预期目标，如通过奖励标杆（下文会提到）来引导大家向标杆学习。而负强化主要是通过惩罚，如杀鸡儆猴的警示或者冷处理等。

但无论是从动机、过程还是结果来看，最终我们的激励是要促进、引导员工行为，进而产生期望的结果。如何运用理论引导、促进行为呢？我们一步步讲起。

▶ 英雄和标杆是改变行为的最佳实践

任正非在华为的内部讲话中几次提到：华为要把英雄选出来，没有英雄就没有未来。英雄的另一个别称就是标杆。人生活在群体里，最容易受到群体领先行为的影响，并自觉和不自觉地调整自身的行为。树立标杆就是最好的改变团队员工行为的方式之一。

针对超额完成任务而评选出的公司季度销售明星；针对内容佳作而设立的最佳编辑奖；针对公司重点项目执行业绩而评选出的最佳贡献奖励；针对创新产品而设立的最佳突破等，都是标杆。而对于评选出来的标杆，需要提供物质激励和精神奖励。

1. 直接物质激励

比如，奖金激励、期权授予、公司认股权授予、公司未来价值授予，或者旅游基金、娱乐机会，物品或者服务的兑换券等一切让员工感受到价值回报的东西。这里，物质激励的关键是该奖励在员工心目中的真实价值。因为除现金之外，其他的各种物质在员工心目中的价值是不对等的。比如，有的公司奖励员工在五星级酒店或度假村免费住几天，虽然这个居住是有价值的，公司也付出了金钱，但是对于一位不愿意旅行的员工来说，一个酒店房间的居住可能价值很小（员工看到的是酒店客房促销时最低的价格）甚至无价值（员工根本没考虑入住）。再如，有一些公司会购买商学院或其他形式的培训机会奖励给员工，虽然奖励的价值很高，公司实际支付的成本也不低，但是对于不愿意主动培训的员工来说，这个机会非但不是奖励，反而是负担。

2. 工作本身的激励

互联网和高科技行业有诸多的初创公司，你会发现这类公司的很多员工收入不高，福利很少，而所谓的期权在早期可能并未明确，只是个信号而已，或者很多人其实并不那么在意期权的价值。但是这些员工的工作动力依然十分充足，没日没夜，从早干到晚，没有自己的生活。这就很难单纯用上面的直接物质激励来解释了。因此，我们认为这里面应该有其他的因素存在，如对创业事业的职业兴趣，在新的创业企业里员工能获得工作职责的极大权限和自主性，以及工作的极大丰富性。

因此，来自工作本身的机会也是一种很好的激励。比如，承担更大的职责，拥有更多的发挥才能的空间。最明确的就是晋升，或者从事更多、更丰富的工作，给自己的工作经验和体验带来更多的可能性，又或者切换赛道，做职业的转型，拥有更多的职业探索可能性。当然也可以是潜在的机会，虽然职业赛道、职责、职级都没有变化，但是如果工作的创造性本身拥有更多的空间，无形中也是一种物质激励。

工作本身的激励可以从工作丰富化和职责扩大化两个方向思考。

3. 精神奖励

精神奖励就像空气，你不太能意识到，但是如果没有，就会觉得缺失了重要的东西。精神奖励有许多方法。小到一位员工在日常工作中表现出一点点的小进步，让你看到了变化，就可以马上给予几句适当的称赞和夸奖。言语不多，但是暖人心窝。如果员工在一两周或者一两个月内持续输出良好业绩，也可以找一个场合给予员工恰当的肯定、表扬。一封公开的表扬信，或者在部门会议上的口头表扬都是十分好的奖励。如果涉及更大的奖励，则可以在更大的公开场合，或者由更高层领导参与亲自授予荣誉和称号。当然，给予员工一些展示自己的机会也是比较好的办法。比如，让一名技术工程师在公司内部的 TED 大会上分享他在技术上的深入实践，让他感受到他做的技术实践能被更多的同行认可，或者让用户产品部门的同事能得到用户基于产品的褒奖和赞美，让他们感受到自己所做的产品能真实影响很多人，这更能激发员工内心的成就感和自豪感。

4. 文化、环境和氛围

除以上硬因素之外，软环境也相当重要。我们能看到，导致一家企业败落或员工离职的原因里，很多是企业文化封闭不包容，人际复杂。简单开放的企业文化和环境能够明显对员工产生足够大的吸引力，从而激励员工之间、团队之间形成良好的合作氛围。公司需要打造一种适宜的文化，增强员工的归宿感，让员工感受到软环境的吸引力。

▶ 即时激励让行为、结果距离最近

如果我告诉你你今天努力工作做出了业绩，10 年后一定能成为最成功的 CEO，你内心一定很复杂。你不是不相信我说话时候的真诚，而是感觉实在等不到那个时刻。况且，10 年或 15 年后你真的成了一位成功人士，你获得的幸福感不一定比当下获得一个小晋升来得更强烈。当然，我不是要大家追求短期利益而忽视长期回报。我的意思是说，如果激励不够及时，再大的激励也会打折，甚至起到反作用。这同样是人性使然。

在人类基因进化过程中，追求的是把基因传下去的最大可能性，身体会奖励那些有利于基因遗传的行动。比如，大家爱吃甜食和高热量食物，喜欢撸串、烧烤、吃火锅，即使大家都非常清楚吃这些食物对身体有害，但还是热衷于有损自己身体的事。为什么这样？在远古时期，人类面临的生存环境十分恶劣，寻找食物是一天中最重要的事情，一天奔波 10 个小时猎到的食物可能只够当天的口粮，第二天的口粮依然没有着落。很多情况下，奔波几天甚至没有找到一点吃的。这种环境下，如果遇到食物，人的本能是马上吃到足够多，让身体将能量转化为脂肪保存在体内，而不是将食物优先保存到家里等下个月再吃。食用高热量的食物就意味着有更大可能性生存下来。身体也慢慢进化出一种奖励机

制，对于眼前及时的食物摄入等行为，大脑会分泌更多的多巴胺给予奖赏。而对于远期的回报，因为不确定性，大脑更倾向于少奖励甚至怀疑。及时激励逐渐成了人的本能。

及时激励只有一条原则：奖励要发生在离员工行为及产生结果最近的地方。

▶ 纪律与处罚帮助提升底线

心理学家丹尼尔·卡尼曼（Daniel Kahneman）曾经设计了一个掷硬币的实验，硬币是均质的。如果是正面，你将得到150美元；如果是背面，你将输掉100美元。这个赌局对于参与者来说，长期下注肯定是稳赚不赔的，毕竟输赢概率相同，赢的收益大于输的损失。但是实验结果是，大多数人仍然拒绝了这个赌局，因为对于多数人来说，损失100美元的痛苦远远大于得到150美元的快乐。最少收益多少，快乐才能弥补普通人失去100美元的痛苦呢？答案是200美元（当然，最新的研究表明是2.5倍，也就是说至少要250美元才可以）。

这里面说明的是一个损失厌恶的原理。损失厌恶是指人们面对同样数量的收益和损失时，认为损失更加令他们难以忍受。对于大多数普通人来说，对于不确定的结果，必须要得到至少2倍甚至更高的高于风险的担保。这是我们实施惩罚的底层逻辑。

1. 原则

杰克·韦尔奇认为：所谓执行力就是企业奖惩制度的严格实施。要搞好一个企业并不难，关键是给20%的优秀员工不断加薪，对 10% 的落后员工不断淘汰。有人提出“执行力 = 制度 + 监督 + 奖罚”这样一个公式，虽然不一定很完整，但是这个公式基本道出了本质。制定一个具体的纪律处罚制度本身几乎没有什么难度，但是要掌握原则才能把握好度，那么有什么原则呢？

（1）合法

这个道理不言而喻，但是实际上很多人在这方面犯下了不少严重错误。举个例子，国家制定的《劳动合同法》及配套法律中规定，公司出现以下四种情况属于违法行为，公司不但要补齐差额，逾期不支付劳动报酬甚至要支付补偿金：

- 未按照劳动合同的约定或者国家规定及时足额支付劳动者劳动报酬的；
- 低于当地最低工资标准支付劳动者工资的；
- 安排加班不支付加班费的；
- 解除或者终止劳动合同，未依照法律规定向劳动者支付经济补偿的。

许多公司为了贯彻老板的意见，将罚款条例明确写入公司纪律处罚制度中。员工一旦申诉，企业百分之百要败诉。但是不是有了这些法律条款，我们就不能做任何与员工罚款相关的处罚呢？答案是否定的，公司可以寻求在薪酬结构中，依据绩效对奖金、期权或者未来机会等浮动部分调整，同样能达到处罚的目的，而且合乎法规。

（2）公平、公正、透明

《劳动合同法》规定公司的各项用人制度包括纪律处罚条例必

须经过民主程序且公示，“用人单位在制定、修改或者决定有关劳动报酬、工作时间、休息休假、劳动安全卫生、保险福利、职工培训、劳动纪律以及劳动定额管理等直接涉及劳动者切身利益的规章制度或者重大事项时，应当经职工代表大会或者全体职工讨论，提出方案和意见，与工会或者职工代表平等协商确定。在规章制度和重大事项决定实施过程中，工会或者职工认为不适当的，有权向用人单位提出，通过协商予以修改完善。用人单位应当将直接涉及劳动者切身利益的规章制度和重大事项决定公示，或者告知劳动者”。

因此国家从法律角度上做出了要求，纪律处罚条例必须合法且公示。

从员工的角度，我们要考虑的是公平、公正、透明。在前文我们提到，不患寡而患不均，说的就是大家内心里感受到的公平公正的重要性。公司纪律处罚要让大家认为公平、公正，关键是有规则且平等。要把规则明明白白摆在大家面前，凡事约法三章，丑话说在前面。一旦出现违规事件，不论是普通一线员工还是高级总监、副总经理，应该一视同仁给予纪律处罚。透明不仅仅是把制度公示给大家，而且整个流程包括处理和最终结果都能让员工清清楚楚、明明白白。

（3）以人为本

大家常说，制度是冰冷的，人心是温暖的。其实，制度应该也是有温度的。举个例子，大部分公司都有针对考勤迟到的处罚，很多公司在这方面的规定是刚性的，迟到一秒钟就算迟到，需要扣罚当天的部分工资。而在大中城市，随着人口越来越多，交通越来越拥挤，时间越来越不可控。很多公司的电梯十分拥挤，有时候需要排队很久才能上去。即使交通和电梯都只是借口，也不排除有的员工家里确实有突发情况需要处理。如果公司在这方面的制度很冰冷，实施起来也不会有太大的问题，但是员工会有一万种理由来规避。比如，员工本来能加班解决客户的一点问题，那么他可能会选择一到点就走人。我们不排除这样的员工存在，而且在大公司里肯定数量不会太少。

于是有的公司就站在人性角度，以人为本地去制定制度。还是以迟到的处罚为例。有的会给迟到设定一个缓冲期，如一个月有一次迟到 15 分钟内的免责机会。又或者针对非客户部门允许弹性工作制，让员工能相对自由地把控自己的时间节奏。但是与此同时，在此之外的迟到将会受到严厉处罚。

公司以人为本考虑制度设定，将真心投入到制度中，大部分员工都会感受到，而且会从内心做出回应。这些回应才是真正为企业带来价值的根本之道。

（4）权责平衡

如果员工不负责这件事，却因为这件事而受罚，这就是俗称的“躺枪”或“背黑锅”。到时，比窦娥还冤的员工很有可能将这件事向外传播，公司百分之百理亏。如果员工的职责包括此事，但是因为公司不授予员工应有的权力，导致员工无法履行工作职责，则后果同上。如果权责不平衡导致员工受罚，影响是很坏的，不但可能使员工产生激烈的对抗情绪，使得执行成本很高，也有可能使得其他员工同情受罚员工，并对公司的处罚产生反感。这对公司文化和制度的破坏力都是巨大的。因此在权力分配和责任承担上，一定要强化权责平衡的原则。

（5）简单、高效、落地

制度服务于公司和员工，让员工能在公司预定的轨道上做出预期的业绩。从这个意义上讲，员工是制度的内部客户。既然是辅助线，那么就需要对员工的界面友好，简单易懂，让员工一看就懂、一点就通。同时，纪律处罚不宜太烦琐，让员工在制度的流程中反反复复迷路。最后，制度不能悬空，需要落地，说到就做到，要做就做好。

2. 纪律处罚的内容

一部完整的纪律处罚条例至少应包括如下几个部分。

（1）目的：为什么要制定纪律处罚制度，要解决公司的什么问题，达到什么目标。

（2）原则：你处理事情的价值观是什么，有什么原则可以作为标尺参考。

（3）适用范围：哪些人需要参与到纪律处罚条例中来。

（4）负责部门：哪个部门负责主导纪律处罚制度的制定和推进。

（5）行为规范、保密和安全规范及要求：你对员工的工作行为及保密和安全上的行为有何最基本的要求。

（6）工作标准和要求：你需要员工在工作上以什么样的工作标准提供成果。

（7）违反纪律的处罚审批程序：如果有不符合标准的行为，究竟以何种方式认定，并以什么样的审批流程来处理此种行为。

（8）处罚轻重界定和处罚形式：公司定义违反纪律有哪几种情形，如何界定并详细列举行为，有哪几种处罚方式。比如，处罚可以简单分为口头批评、书面警告、最终警告、辞退，等等。

（9）申诉：针对纪律处罚流程和处理方式上的问题，如何让员工申诉。

（10）纪律处罚条例与其他制度的接口：除针对行为规范、保密和安全等规范、工作标准的具体处罚外，还需要预留一些制度接口，以便于其他类型的制度嫁接于这个制度。

（11）解释权和修订规则：后续谁拥有权力来最终解释制度，如何修订制度，流程、周期、方式是什么。

（12）员工知晓签收免责申明：如何保证员工知晓并签收此制度。

奖励和处罚分别是对人的行为的正向和负向引导，是对人性的引导和对抗。无论如何设计，都是在抑恶扬善，通过奖励使得人性中好的一面发挥出来，并能互相感染影响。同时，通过纪律处罚抑制人性中恶的一面。通过杀鸡儆猴，让群体对纪律产生敬畏感，从而提升大家的底线，降低大家在信任感上的猜疑度。不过，惩罚是底线思维，只能从底线截住某些恶行，而要想真正发挥出人的创造力和激情，尽量用奖不用罚，或者以奖代罚。

HRD

08 复盘，实现螺旋式上升

复盘是最有效的刻意练习

想象你是一名围棋高手，每天要跟不同的人下棋。对你来说，除练习围棋基本功之外，要问还有什么是你最主要的练习方式，恐怕你会回答“复盘”。有人说：学习主要有三种途径，一种是从书本中学知识，另一种是向别人学经验，还有一种是向自己学经验教训。围棋的复盘就是一种向自己学习的最好方式。中国著名企业家柳传志认为：做一件事情，不论失败还是成功，都重新演练一遍。大到战略，小到具体问题，原来的目标是什么，当时怎么做，边界条件是什么，做完了回过头看，做得正确不正确，边界条件是否有变化，要重新演练一遍。我觉得这是提高自己的非常重要的一种方式。

著名心理学家安德斯·艾利克森（Anders Ericsson）花了几十年时间研究了一系列行业或领域中的专家级人物，包括国际象棋大师、顶尖小提琴家、运动明星、记忆高手、拼字冠军、杰出医生等。他发现，不论在什么行业或领域，提高技能的最有效方法全都遵循一系列普遍原则，他将这种通用方法称为“刻意练习”。最终他将研究的成果写成了一本同名书籍——《刻苦练习》。他在书中提到：世界上没有所谓的天才，只要有正确的方法，任何人都能达到自己想要的目标。要达到自己的目标，不仅仅是依靠所谓一万小时的时间，也不仅仅是简单的重复学习，而是要“刻意练习”。

▶ 只在学习区练习

科学家们考察花样滑冰运动员的训练时发现，在同样的练习时间内，普通的运动员更喜欢练自己早已掌握的动作，而顶尖运动员则更多地练习各种高难度的动作。同样，普通爱好者打高尔夫球纯粹是为了享受打球的过程，而职业运动员则集中练习在各种极端的位置打不好打的球。真正的练习不是为了完成运动量，练习的精髓是要持续地做自己做不好的事。

心理学家把人的知识和技能分为层层嵌套的三个圆形区域：最内一层是“舒适区”，是我们已经熟练掌握的各种技能；最外一层是“恐慌区”，是我们暂时无法学会的技能；二者中间则是“学习区”。一个人只有在学习区里面练习，才可能进步。有效的练习任务必须精确地在受训者的“学习区”内进行，具有高度的针对性。在很多情况下，这要求有一个好的老师或者教练，从旁观者的角度发现我们最需要改进的地方。

▶ 重复训练获得“套路”

针对技能进行模块化的分解，并对这些模块做重复性训练。

在商学院里，一个学生每周可能要面对几十个真实发生过的商业案例，学生们首先自己研究如何决策，其次提出解决方案，最后老师给出实际的结果并进行点评。学习商业决策的最好办法不是观察老板每个月做的两次决策，而是自己每周做几十次模拟决策。航空公司的飞行员在正式飞行之前都要在模拟机上做模拟真实场景的飞行操作，持续练习几十次的起飞降落过程，直到每个飞行员都能对起飞降落的各种突发情况有符合要求的条件反射。

在体育运动中，教练还会把动作分解，如羽毛球训练中会将一个接球击球的动作分解为：站位时身体、腿部、腰部和手、脚的位置，腿部步伐的步骤，手臂摆动的步骤，挥拍的动作步骤，等等。每个动作又细分为几个小动作。一名新手要在每一个小动作上花费数日反复训练，逐渐将一两个小动作连成一个大动作继续反复训练，最终连贯成一个标准动作。一个高水平的运动员在平时训练中，绝大部分都是在做专项的反复训练，最终形成肌肉记忆，从而获得一个“套路”。

▶ 即时反馈

老师和教练的最重要作用是提供即时反馈。最高境界是自己给自己当教练。高手在工作时会以一个旁观者的角度观察自己，每天都有非常具体的小目标，对自己的错误极其敏感，并不断寻求改进。

特约撰稿人万维钢老师讲过一个案例。[①] 约翰·伍登（John

① 万维钢:《怎样练习一万小时》，载 http://www.aisixiang.com/data/89893-2.html。

Wooden）是美国最具传奇色彩的大学篮球教练，他曾经率领 UCLA 篮球队在 12 年内 10 次获得 NCAA 冠军。为了获得伍登的执教秘诀，两位心理学家曾经全程观察他的训练课，甚至记录下他给球员的每一条指令。统计表明，在记录的 2326 条指令之中，6.9% 是表扬，6.6% 是不满，而有 75% 是纯粹的信息，也就是做什么动作和怎么做。他最常见的办法是三段论：演示一遍正确动作，表现一遍错误动作，再演示一遍正确动作。

与外行想象的不同，最好的教练从不发表什么激情演说，甚至不讲课，说话从不超过 20 秒，他们只给学生非常具体的即时反馈。所有训练都事先进行无比详细的计划，甚至包括教学生怎么系鞋带。他们仿佛有一种知道学生在想什么的神奇能力，即使是第一次见面也能指出学生在技术上最需要什么。他们是绝对地因材施教，源源不断地提供高度具有针对性的具体指导。

▶ 集中注意力与单独练习

复盘，其本质上就是对工作的一种有效的刻意练习。还是万维钢老师的案例，科学家们曾经调查研究了一个音乐学院，他们把这里的所有学小提琴的学生分为好（将来主要做音乐教师）、更好和最好（将来做演奏家）三个组。这三个组的学生在很多方面都相同，如都是从 8 岁左右开始练习，甚至现在每周总的音乐相关活动（上课、学习、练习）时间也相同，都是 51 个小时。研究人员发现，所有学生都了解一个道理：真正决定你水平的不是全班一起上的音乐课，而是单独练习：

- 最好和更好的两个组的学生平均每周有 24 小时的单独练习，而好的组只有 9 小时。
- 他们都认为单独练习是最困难也是最不好玩的活动。
- 最好和更好的两个组的学生利用上午的晚些时候和下午的早些时候单独练习，这时候他们还很清醒；而好的组利用下午的晚些时候单独练习，这时候他们已经很困了。
- 最好和更好的两个组不仅练得多，而且睡眠也多。

那么是什么因素区分了前两个组呢？是学生的历史练习总时间。到 18 岁，最好的组中，学生平均总共练习了 7410 小时，而更好的组是 5301 小时，好的组是 3420 小时。更好的组的学生现在跟最好的组一样努力，可是已经晚了。可见要想成为世界级高手，一定要尽早投入训练，这就是为什么天才音乐家都是从很小的时候就开始苦练了。

先僵化，后优化，再固化

华为有一种著名的工作方法论叫“先僵化，后优化，再固化”。我们在摸索复盘的道路上，也走了同样的一条路。

刚开始做复盘时，我们“一穷二白”从零开始，摸着石头过河。我们往往先找到别人复盘的模板，直接照搬流程和细节，每次都采用固定的议程来复盘。这带来一个很严重的问题，复盘过程很生硬，无趣而且达不到期望目标。由于一开始做就没有效果，没起到好的示范带头作用，给后面项目的推广改进带来了不少障碍。

几次复盘做完，自己慢慢有了一些经验，也找到了做复盘的出发点。每次就做过的项目和工作召开复盘会，回顾工作并找出问题列举出来，然后一条一条用各种问题分析工具逐一分析解决，寻找解决问题的办法。这个模式讨论起来比较有落地点，不再变得那么虚。解决了问题，也带来了效果提升，引起了大家的兴趣，但是就像负面消息一样，过多了也会让人沮丧。总结来看，纯问题导向的复盘会带来三个方面的问题。一是，会给大家带来负面情绪，大家会觉得这个项目其实我们做得不错啊，应该多鼓励才对吧，怎么一复盘，我们出的问题这么多呢？似乎我们做得也不过如此。这种负面情绪会传染。二是，虽然我们已经尽力避免讨论是谁的错误，尽量对事不对人来讨论问题，但是过多的具体问题的讨论，都会让该问题涉及的人面临压力，从而不敢畅所欲言，也潜在地打击了大家往前冲的内在动力。三是，为了彻底解决问题，我们讨论了一系列解决问题的流程，加强了对全流程的管控，这又进一步打压了大家的自主性。

最后，我们总结经验，决定聚焦目标，面向未来，从如何通过复盘帮助大家更好达到未来目标出发着手。我们把团队的目标随时提出来，把团队中每个人的目标与团队的目标融合在一起，大家一起讨论如何在更好地完成团队的目标的前提下，让每个人的个人目标一起达成。我们召集大家一起讨论几个问题：我们的共同目标是什么？我们如何协作完成这个共同目标？每个人想通过复盘获得什么？你又如何通过复盘为团队目标做出贡献？相应地，我们采用什么样的办法，通过什么样的工具来实现？这种方式的好处是大家面向未来，不再拘泥于谁的责任或者一定要批评谁做得不好，而是大家共同成长。

▶ 第一步：回归初心

所有人在做复盘之前，一定要自问的两个问题是：我们为什么要复盘？复盘的目标到底是什么？如果我们能回答这两个问题，就能明白我们要回归初心的考量。

首先，我们之所以做复盘，肯定不是好玩或形式上的迎上（特别情况不在考虑之列），而是要解决工作中真实存在的问题，让我们的工作能站在前面的经验教训之上，避免重复犯错误，同时总结最有效的工作模式形成“套路”，当未来遇到类似情况的时候，能第一时间快速找到最有效的解决路径。因此，我们做复盘的初心是面向未来寻找高效达成目标的最好办法。初心既是我们的出发点，也是我们回归的终点，也就是说以终为始。

我们在开始复盘的时候，需要随时问自己这两个问题，同时也要请团队一起讨论这两个问题。如果大家一起讨论，认可了我们做复盘的原因和目标，那么后面大家接受、参与复盘的积极性也会大幅提升。

其次，当我们讨论的原因和目标与大方向有偏离的时候，复盘的组织人要及时加以引导，让目标与大方向保持一致，否则后期的所有努力都会折损。另外，有可能讨论出的原因有很多种，跟你当初的规划不一样。比如，你做一个项目复盘的最初目的是想让团队的工作效率大幅提升，但是团队一致认为自己更需要解决的是如何让工作方向不摇摆，那么也需要及时看是否能将两者联系起来。如果按照团队讨论的目标，我们的前期工作方向的确过于摇摆，导致勇于向前冲的人在实际中需要频繁后撤，无形中吃了大亏，大家默契倾向于等待子弹飞一会儿，而不是第一时间向前冲。把这个问题解决后，团队的后顾之忧就消失了，再提效率的问题反而更容易得到大家的理解和支持。

▶ 第二步：全体参与

如果没有整个团队的参与，复盘工作就变成项目负责人一个人的独角戏，这跟我们平时开一个单方的会议就没什么不同，复盘也不会产生真正的价值。如果全体团队参与，不仅仅是群策群力，至少大家对这个目标有了承诺，从而让每个人都有行动的契约。这样，复盘的计划才能确实落地。

那么，怎样提升团队参与度呢？

1. 理解并满足团队成员的需求

其实无论做复盘还是其他工作，最终都需要考虑团队成员自己的需求。每个人在做每一件事的时候，都会去考虑这项工作到底能给自己带来什么好处，解决什么问题，是不是能让自己的工作条件变好一些，让工作目标尽快实现。因此在开始复盘之前，项目负责人要跟每一位团队成员充分沟通，了解他们的需求，他们对现状有哪些不太满意的地方，他们的工作目标与团队的工作目标之间有何关联。之后，可以告诉团队做复盘就是要解决大家的需求，每个人都能从复盘中得到好处，相信能迅速调动起大家的积极性，让大家踊跃参与到复盘当中来。

2. 给予团队自主权和决策权

复盘就像盖房子，你把整个房子的框架都盖起来，住户自己进行内部装修或者购买家具家电。复盘的项目负责人要对房子的架构有通盘考虑，然后在框架下让大家能够自定义，自己决定自己的内容。比如，你在一家媒体公司开了一次复盘会议，复盘框架的目标是让公司销售额更快提升。但是大家的复盘讨论一直集中在如何减少广告销售的干扰，让编辑部门能有更多精力做更好的内容。这个时候，最好的方式是先让大家畅所欲言。你可以因势利导，让每个人在聚焦的方向上给出一个理想的目标，然后让大家找出差距。

在实际讨论过程中，大家刚开始讨论的是想要聚焦的目标，以及找出实现目标的办法。慢慢地你就会发现，如果实现这个目标的办法找到了，其他目标也可能顺应解决。就像上面提到的，如果大家的目标是让编辑部门减少来自广告销售的干扰，有更多精力来聚焦做好的内容，也就意味着：编辑部门不直接承担来自客户的压力，也相应减少支持营销目的内容的工作，提高营销目的内容发布的标准。这确实解放了编辑部门，直观上看到的是完成广告销售的压力更大了，但是另一方面，如果有更多好的内容产生，也就意味着更多用户愿意增加阅读，对客户的吸引力也就更有效，长远看就是为了增加广告销售的收入。

当然，更合理的是，我们要设定的目标是一个整体的目标，而不仅仅是单个或者单线目标。比如，刚才站在编辑团队的角度来说，我们的目标是生产更多好的内容；站在销售团队的角度来说，是提升广告收入；站在公司整体利益最大化的角度来说，我们还是需要协调几个部门的目标之间的关系，让这些目标能够协调起来。不能纯粹为了提升广告收入而疯狂推送广告，从而破坏用户体验，让客户离你而去，最终损失了远期的广告销售收入。

3. 公开讨论

我们需要创造公开的场景让大家讨论。比如，在公开的讨论会上大家可以先头脑风暴，放开思绪，自由想象，使讨论的触角尽可能覆盖领域内的各种路径，讨论的边界到达更遥远的领域。当大家讨论完毕后，要借鉴培训学习中的一些方法，将所有讨论的结果以可视化的方式列举并放在大家的面前，如白板、便笺纸、屏幕等。然后将所有的结果按照可控、不可控分类，也可以分组讨论。当所有的讨论有了结论后，邀请每一位成员或者每一类职责的代表向大家讲解你的考虑，下一步你将如何做，大家针对讲解的内容进行补充、提问、建议。在互动的过程中，大家集思广益，最终使得每一位成员的行动方案都变得具有落地可行性。

在整个过程中，我们创造一个公开的平台让所有人在平台上发言，讨论、被提问、互相问问题。思想经过碰撞，一定会产生火花，让大家拥有更多的思路和方法。同时也因大家互相之间的互动带来了承诺和信用，使得个人更愿意信守承诺，将自己所说的东西坚持做下去。

▶ 第三步：落地提效

要让行动真正落地，需要做以下几件事。

1. 借助工具

如借助 WIKI，或者公开发邮件等方式，将大家的行动方案公布于众，也可以简单将重要的行动方案和里程碑写到工作区域的墙上。还是那句话，为了在公众面前维持信用，对于公开的行动大家更加能坚持落实下去。当然前提是要给大家修改完善行动方案的机会，有一个简易的自我管理的方式。

2. 借助小效果推动

人的行为是需要被激励驱动的，而很多激励又来自能观察到的效果。为了让大家坚持把行动方案落地，还需要将行动方案中的一些工作分解，争取在一些日常的行动中取得一定的小成绩，用小成绩来激励和鼓舞大家采取后续的行动。

3. 约束养成习惯

如果一个人起床一直不规律，今天 10 点起床，明天 5 点半起床赶飞机，过几天又因为送孩子上学等事宜 6 点半起床。如此反复，一个人的生物钟被打乱，就会觉得起床是一件十分痛苦的事情。但是如果有条件形成习惯，如每天早上 6 点起床，先跑步锻炼，然后送孩子上学。虽然起床时间一样很早，但是人很快就能适应，而且还很可能找到生活的美好，心情是不一样的。

其实工作也一样，大部分人的不良习惯需要被约束，刚开始很痛苦，但是一旦形成习惯，大家反而会感到轻松。习惯需要约束，如我们需要不断去检测（有检测工具最好）工作的行动计划和实际落地之间的差距，是否延后，行动是否有打折等。对于行动结果比预期要好的，需要及时给予激励。

一个典型的复盘流程

我直接用一个表格梳理一下具体的复盘流程。

表 8-1　复盘过程

复盘步骤 / 逻辑	操作指南
1. 破冰 2. 鼓励畅所欲言	（1）破冰预热，并讲解复盘的原则：客观、开放、超脱 （2）说明复盘的目的、意义及时间安排 （3）说明大家的角色及主要职责
3. 当初的目的是什么？ 4. 当时的目标是什么？	（1）请现场所有参与者回答这两个问题 （2）记录、公示回答，并将分散的答案统一到少数甚至一个目的和目标上
5. 结果如何？ • 超额完成的目标 • 未完成的目标 • 消失的目标 • 新增的目标	（1）全体参与者一起评估并且确认结果的完成情况，结果不仅包括外显的目标，也可以包括团队能力成长、客户满意度提升、公司品牌提升等隐性的目标 （2）项目负责人修正和归纳大家的发言结果 （3）将最终的结果公示

续表

复盘步骤 / 逻辑	操作指南
6. 关键里程碑情况 • 有什么亮点？ • 有什么不足？	（1）全体参与者一起讨论里程碑，确认里程碑的数量 （2）分组研讨，每一组负责一个里程碑，最终确认里程碑的分解结果 （3）项目负责人对大家的研讨成果做总结和补充
7. 可控性分析 • 哪些可控？ • 哪些半可控？ • 哪些不可控？ 8. 做得好的关键因素分析 • 主观方面 • 客观方面 9. 需提升的根本原因 • 主观方面 • 客观方面	（1）分组进行研讨，小组成员聚焦本小组负责的里程碑，对做得好的和需提升的方面进行可控性分析，最后输出所有成员达成共识的可控性分析 （2）投票评选出不超过 6 项不可控的做得好的或可控的需提升的因素 （3）讨论本组里程碑的每个做得好的成功关键因素并相互提问 （4）讨论本组里程碑的每个需提升的失败关键因素并相互提问
10. 行动计划 • 停止的行动 • 继续的行动 • 新增的行动	（1）根据上述讨论结论，每组分别讨论本组里程碑中需要继续执行的、需要停止或者需要新增的行动计划 （2）各小组头脑风暴研讨，确认这些行动计划执行的细节及需要的环境和条件，确保行动能有效落地 （3）项目负责人对大家的研讨成果做总结和补充

续表

复盘步骤 / 逻辑	操作指南
11. 经验 & 规律	（1）将整个复盘的结论和行动细节落实到书面，包括复盘的 5W2H（Why、What、Where、When、Who、How、How much）和行动计划，并尽可能将信息导入项目管理做后续追踪 （2）所有成员对复盘的结果做出行为承诺

复盘要避免踩坑

1. 为赶时髦而做，目的不清晰

经常发生的场景是，业界特别有名的公司开始用复盘作为业务工具，而且听说他们用得很不错，因此其他公司就直接说那我们也做一个吧。

还有一种情况是，领导可能在对外交流的过程中，听到其他公司有使用复盘工具的情况，他在私下里咨询过你的意见，你认为领导肯定想做复盘，于是不管三七二十一，先做一个复盘再说。

诸如此类的情况还是很多的。这种没有目的的复盘，结局注定是悲惨的，而且很容易走到死胡同。大家辛苦做了一件事，结果领导、团队，包括你自己都不满意，而且肯定也没有效果。

2. 为了扣黑锅，揪人追责

项目已经做完了，出了一些问题，被领导点名批评了，需要找出“凶手”来“背锅”。这个目的一旦被团队感受到，对团队信任感的伤害是核武器级别的。未来再也没有人愿意主动来帮助团队解决问题，谁做得多谁吃亏可能就成了大家心照不宣的团队文化。

当然在正常情况下，工作中因失误受到领导的批评，为了未来彻底杜绝此类情况发生，从系统上解决这个问题，负责人也会召集大家开会讨论，如何从系统上、流程中做一些优化改进。但如果还是以转移领导火力的方式来探讨优化方案，我相信是没有几个人愿意再参与的。

3. 为玩内部平衡

一些领导十分不愿意得罪人，因此他的目的是召集大家开个复盘会，将问题抛向大家，让大家一起来批评、提意见。一方面，被批评者面对所有人的炮火，矛头不再指向上司；另一方面，组织围殴的方式也容易让被批评者屈服。

4. 浪费时间不值得

就像前文提到的，如果复盘的效果得不到落实，大家看不到复盘给自己带来的好处，复盘终将是一个浪费时间的活动。但如果处理得当，复盘是一个面向未来的，磨刀不误砍柴工的环节。

总结一下前面章节的内容。我们从做人出发，以目标为方向讨论做 HR 的本质。从做事开始进入，以解决问题为切入点，以方法论为武器，以激励人心为底层逻辑，用工具来武装落地实现。至此，我们已经从技术上走完了一个 HR 所应该走的完整的圆圈。但是就像之前一直提到的，HR 面对的对象是人，人是世界上最复杂的动物，又面临越来越复杂的外部世界，单纯讨论技术性是不够的。况且很关键的一点是：人不是理性的，无法通过理性分析便能轻易掌握人。因此我们还需要从人的内心向下发掘，发掘更深层次的动机和本能。那么，什么是更深层次的动机和本能呢？下一章我们再细聊。

HRD

09 人性，一切问题的本源

百度百科上对人性的解释是：人普遍所具有的心理属性，其中包括人与其他动物所共有的那部分心理属性。无论是人的本质心理属性，还是人与动物所共有的属性，由于它们都是人所共有的心理属性，那么这种属性也就不可能是后天的结果，而是人类天性，属于无条件反射，即人性就是人心理底层的本性。

有句话说："有果必有因。"人的行为其实是人对外界刺激做出的反应，本质上还是内在的动机在驱动。HR 工作面对的对象是人，有句俗语说"江山易改本性难移"，人的本性和本能都是极难被影响的，可以说是一种相对客观的规律。如果我们不去理解人的本性，研究人性，我们针对人所采取的行为动作都是盲目的。那么，如何去认识人性呢？我们可以尝试从两个角度来剖析。

欲望驱动人的一切行为

我们这个模型的分析框架是沿着由表及里，由上层到底层的方向来分析的。因此我们会先从行为说起，再进一步分析行为背后的驱动力——欲望，最后探究欲望的底层。

▶ 八角行为分析模型

在现实世界，许多工作都是重复而枯燥的，虽然这些工作给我们带来了实际的利益，如现实的物质回报，让我们可以养活家庭，满足自己，让自己生活得更加舒适。按照需求理论，我们完全有理由相信自己会对工作充满渴望。就像那个著名的实验一样，那只被关在笼中的猴子会不断按压手中的杠杆，去获得机器投射给自己的更多的糖水。可实际上呢，大部分人对重复枯燥的工作是厌烦的，即使把现金回报预先放到他们的口袋里也不愿意完成这些工作。

相反，无论大人还是小孩，在玩一些特别简单的 RPG（角色扮演）游戏的时候，即使每次过关的怪物是一样的，为了一次升级要重复相同的动作无数次，但依然乐此不疲。即使我们很清楚，这个行为对身体没有什么好处，也不会得到经济上的回报，却依然会浪费大把的时间，沿着这个“圈套”进行下去。现实中类似的行为很多，你很难用一个单一的需求理论或者其他理由解释得通。考虑到人的复杂性，人的行为总体来观察是多变的，多样的，不好预测的。但是有一个领域的人对人的行为驱动力有着最本质的理解，即游戏行业。游戏行业是个生产虚拟产品的行业，这个产品让你付出大把的宝贵时间，而且由于长时间玩游戏会伤害眼睛，长时间熬夜或者久坐也会对身体造成伤害，但是无数游戏用户依然主动、自愿、踊跃地从口袋里掏钱去购买这个虚拟的“伤害”，是什么内在的原因驱动这种行为呢？

游戏行业是个古老的行业，长期以来大量的理论者和实践者都对此进行了研究并形成了一些认识，尤其近些年，认识更加系统可靠。比较系统的一个研究结果便是我们下面要介绍的“八角行为分析模型”①。

人的行为背后其实都有一到多个核心驱动力存在。也就是说，如果没有核心驱动力，就不会有动机，更不会有行为发生。这些核心驱动力包括以下八个。

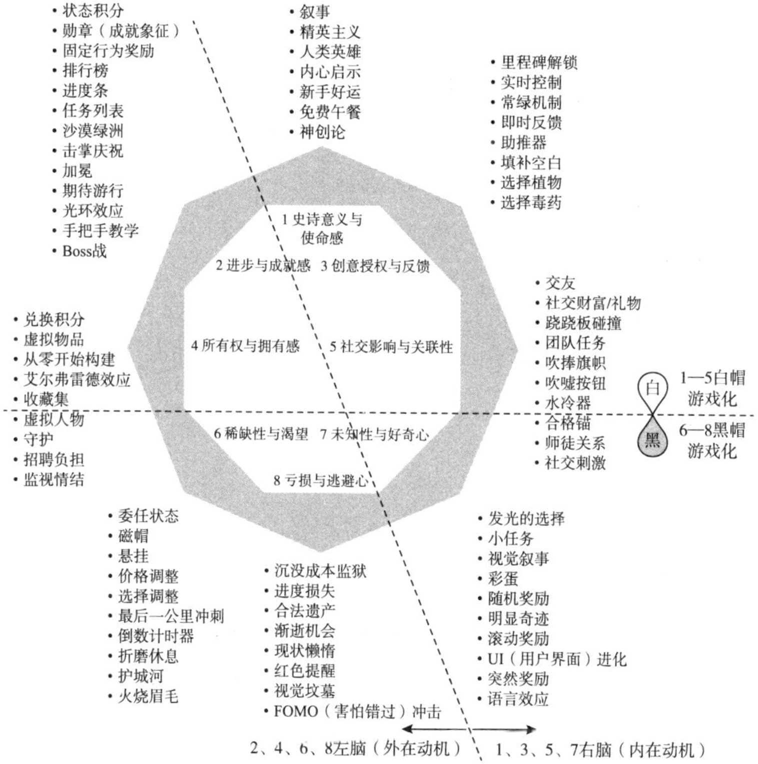

图 9-1　八大核心驱动力

---

① ［美］Yu-Kai Chou：《游戏化实战》，杨国庆译，华中科技大学出版社 2017 年版。

1. 使命

人总是在寻找意义感。人所有的行为都在寻找做这件事的意义，这比这件事本身更为重要。人们自愿投入大量时间帮助编辑百科，可能并不是为了赚钱，也不介意做这件事能否给自己带来名誉，而是觉得编辑百科这件事非常有意义，是为了给大家贡献知识，是在做知识的传播。

2. 成就

人从本质上愿意学习更多的知识以避免更多的风险，并探求更多的未来世界，学习更多的技能可以帮助我们生活得更好。克服挑战，取得一些成就是我们生存的原始动力。

3. 授权

授权有两层意思：授权和反馈。人的本质喜爱自由自在，喜欢自己拥有更多的发挥空间。因此如果能给予人更多的授权使得他们可以在全身心投入创造性的过程中去发现不同的可能性，并能获得反馈，那么人在其中得到的乐趣将是无与伦比的。音乐、绘画、舞蹈艺术等其实都是这方面的代表。

4. 拥有

拥有和占有是人与生俱来的欲望。人们都希望拥有自己的房子、车子、财产、时尚的衣服首饰、漂亮的伴侣、充裕的休闲时间等。这些象征着身份、地位的东西，人们不但想要拥有，而且会不断投入精力养护自己拥有的东西使之变得更好。

5. 社交

人是社会动物。情感上需要多种关系，包括家人、朋友、师生、战友、同事等。在监狱里，对犯人来说最严重的惩罚措施之一是被关禁闭。其实从物理角度上看，关禁闭比被惩罚做体力劳作等都显得更为轻松，但是实际上关禁闭的严重性远远超过其他体罚。人一旦被关进黢黑的小屋子而隔绝与其他人的联系，不出多久精神就容易出状况。这就证明了社交是人的一项根本需求。

6. 稀缺

一件物品如果稀缺，我们可能就会产生强烈的渴望。比如，独一无二的房子，限量版的汽车、奢侈品、鞋子等。这也是为什么一些用户会加价购买最新款的法拉利或保时捷跑车，甚至很多果粉会加价购买最新款的苹果手机。其实功能完全一致，仅仅是你提前拥有而获得了稀缺性。

7. 未知

之所以有人对赌博上瘾，根本来自结果的未知，看球赛或者看电影也一样。如果我们把结果提前公布，比赛或电影的乐趣几乎就消失了。这也就解释了为什么大家会花钱去看球赛的直播，而不是等在家里，等比赛结束后看录播，虽然这样更省钱、省时间（考虑到录播可以省略大段的插播广告）。人天然受到内心好奇心的驱动，如果某样东西超出了自己熟悉的认知模型，那么大脑便会自动进入高速模式来应对这种新事物。同时，为了激励人应对新事物，大脑也会给自己一些奖赏，让精神更兴奋刺激，让身体有更激动的感觉。这种身心的刺激、愉悦驱动了人的好奇心和对未知世界的探索。

8. 损失

相比于获得，人更害怕的是损失。就像之前提到的丹尼尔・卡尼曼所做的那个著名的掷硬币实验所揭示的，对于多数人来说，损失 100 美元的痛苦远远大于得到 150 美元的快乐。最少收益多少，快乐才能弥补普通人失去 100 美元的痛苦呢？答案是 200 美元（最新的研究表明是 2.5 倍，也就是说至少要 250 美元才可以）。当然，除了物质上的损失，人更害怕精神上的失去，投入的感情越多，越难放弃。从进化角度看，这其实也是一种风险规避的方式。

这八个核心驱动力驱动着人产生一切行为，包括职场上的行为。

比如，近些年来，许多工厂线的工人不愿意继续在流水线做工，更愿意选择送快递，或者做网约车司机，甚至做零工。虽然这些工作的劳动强度、工作时长都可能比原来在生产线更大、更久，收入也并不稳定，但是依然抵挡不了大家流向这些职业的热情。为什么呢？询问这些工人，得到的答案几乎是一样的，新的工作更加自由，无论是人身的还是心灵的自由；新的工作更加好玩，每天见识不同的人，收获不一样的信息反馈；新的工作更加新鲜，每天走不同的路线，路上遇到的风景都是新鲜的。现在用八角行为分析模型就可以知道，这些其实对应了人内心的授权、社交、未知的驱动力。

再如，市场上的很多高级人才，他们在寻找下一份职业时，最看重的往往还是这几点：所做的事业有何意义及价值？事业前景如何？可能在多大程度上取得成功？自己的发挥空间多大？高级人才不再会为柴米油盐、衣食住行等基础需求焦虑，收入财富也足以让自己和家人过上不错的生活。因此，吃穿住再提高一些所带来的边际效用急剧降低。而如何让个人价值得到实现的需求取代基础需求变成最重要的内驱力？我们还是可以用八角行为分析模型来解析，这种行为受到使命、成就和授权三个内在驱动力的驱使。

▶ 福格行为模型

光有驱动力还不至于拥有百分之百可信的说服力。当你特别想让自己的身材变得苗条而计划出去跑步，但是犹豫再三，依然还是打了退堂鼓。犹豫，可能是因为外边正在下雨或者太冷了，抑或是今天心情和身体都还没准备好，又或者是内心在纠结究竟要不要这么“折磨”自己，活着不就是为了更舒服一些吗？眼前的舒服最重要。总而言之，内心总有一千个理由阻碍你勇敢地走出去实现你的锻炼计划。

因此，内驱力还需要一个促进剂，即增加你想要做的计划的便利性，而提高你偷懒行为的复杂性。

这种做法有一个理论上的支持，那就是福格行为模型。福格（B. J. Fogg）是斯坦福大学人类行为学教授，他创造了一个模型，将所有的行为（Behavior）分解成三个要素：动机（Motivation）、能力（Ability）和触发器（Trigger）。模型公式是：Behavior=Motivation×Ability×Trigger，简称 B=M×A×T。

动机是人们对采取行动或得到预期结果的渴望程度。能力是人们采取行动的条件，即人们执行行动的容易程度或便捷程度。触发器则提醒人们采取行动。福格认为，我们的每个行动都是这三个要素协同的结果，如果有任何一个缺失，行为就不会发生。

举个例子。如果我们的目标是回家后花点时间练习弹吉他，而不是回家后就躺在沙发上看电视、玩游戏，那么就可以简单运用以上技巧。我们增加看电视、玩游戏的条件复杂度，如将电视的盒子和网络都强行断开，将遥控器和手柄藏到更难找的地方，将吉他从储物间拿出来摆到客厅沙发边伸手可及的地方。这样每当你想看电视、玩游戏，首先得去找遥控器和手柄，然后再将盒子连接上，去连接网络调试网络。一系列操作下来，可能自己那股冲动劲早就消失了。说不定在调试网络的过程中，你顺手就拿起吉他弹起来了。这样你想要的行为就很容易被实施。

▶ 黑色欲望和白色欲望

八角行为分析模型是从行为和驱动力来预测行为发生的原因。如果从驱动力的层面再往下探究一层，可能会发现，内驱力的内核是人的欲望。哲学家叔本华曾经说过一句话：生命是一团欲望，欲望不满足便痛苦，满足便无聊，人生就在痛苦和无聊之间摇摆。讲的就是这个道理。

从某种程度上说，人是欲望的奴隶。而从另外一个层面看，欲望驱使人类追求进步，从而进化造就万物。“欲望”是个中性词，我们运用二分理论可以简单将欲望划分为两个维度。

1. 黑色五欲

（1）色欲

一方面指人本能的性欲，这是人最基本的欲望之一。另一方面也指人的性亲密欲望。人类进化的根本目的是让自己的基因能遗传下去。为此进化机制设计了奖赏机制奖励人的性行为，这种奖励使得人对此产生欲望。色欲对应八角行为分析模型中的拥有、社交。

（2）贪婪

贪心而不满足，最明显的特征是对财物的占有欲望，也包括对情感等的独占欲。在远古物质匮乏、生存环境恶劣的情况下，如果人缺乏贪婪而没有最大可能占有物质资源的意愿，则很可能丧失让自己生存下去的可能性。贪婪对应八角行为分析模型中的拥有、损失。

（3）虚荣

虚荣是指表面上的光彩、虚幻的荣耀、虚假的声誉，是一种被扭曲了的自尊心，是人们为了取得荣誉和引起大众注意而表现出来的一种不正常的社会情感。虚荣对应八角行为分析模型中的拥有、稀缺与损失。

（4）懒惰

我们还是从人类进化的角度进行分析。为使能量效用发挥到最大，人的身体从两个方向进行了优化调整。一个方向是进化出更强的狩猎捕获能量的技能，从而让人有最大可能寻求外部的能量补充。另一个方向就是对内寻求能量的最小消耗。除器官本身优化消耗效率之外，身体也会寻求尽可能不费脑力、不费体力的模式，并从中得到放松愉悦的奖赏，这就是懒惰背后的原因。

（5）窥探

窥探的另一个意思是八卦。《人类简史》中提到，智人在个体体力上不敌尼安德特人。但智人因为各种历史机遇，不但能够直立，而且头脑发达，尤其是发展了语言能力，能够“八卦”，因此可以维系一群人的关系。一群智人，通过交流统一行动、相互配合，就比单打独斗的尼安德特人更强大，最终战胜了其他动物和史前人类，登上了生物链的顶端。最低俗的“八卦”，成为现代人类起源的关键。

以上这五种欲望的特点是：基于本能，无须外力驱动，可直接获得满足感，又让人容易上瘾而无法自拔，容易使人失去控制感。

这就是为什么我们将这五种欲望归为黑色欲望。不需要外力驱动，一切都是来自本能驱动，而且容易失控，就如同洒在棉被上的汽油，一旦有了小火苗，就很容易着火。我们生活中的所谓“黄赌毒”的原始驱动力就来自这五种欲望。因此，如何引导黑色欲望走向下面提到的白色欲望，才是我们最应该考虑的问题。

2. 白色五欲

（1）美丽

人人都有变美的欲望。美既有外在表现，用来形容事物或人的美好、漂亮、好看，也有内在表现，形容一种令人舒服的感觉，或者一种好的品质品德。

但是变美是有一定的代价的。如果你想让身材变得更好，就需要更加自律，需要长期坚持锻炼身体，并控制饮食。而这些都是在跟身体的本能做抗争。要变美就得既有内驱力，还有外在约束。

（2）正义

德国古典哲学创始人康德在《实践理性批判》中提到："有两种东西，我对它们的思考越是深沉和持久，它们在我心灵中唤起的惊奇和敬畏就会日新月异，不断增长，这就是我头上的星空和心中的道德定律。"这里，"心中的道德定律"就包含正义准则。

正义可以定义为公平、公正，以及衍生的仁爱。公正表现了同情的否定性质，即不能忍受他人的痛苦，促使自己至少不去伤害他人。而仁爱则表现为同情心的肯定作用，它比公正更高一个级别，即看见他人痛苦，就像自己受苦，从而使自己去帮助每一个人。

在某种意义上，正义支配人类行为的道德规范，起源于人类的自然本性或和谐的宇宙真理。正因为如此，你会发现一旦有不公平、不公正的现象出现，人们就会自觉奋起反抗。

（3）自由

匈牙利诗人裴多菲（Petofi Sandor）那首著名的《自由与爱情》写道：生命诚可贵，爱情价更高。若为自由故，二者皆可抛。可以想象自由在人们心中的地位。

通常意义上认为，所谓自由，就是能依照自己的意志和想法随心所欲，为所欲为。但是实际上，这只能带来无序和混乱，并不是真正的自由。真正的自由其实是一种可以按照自己的意志来做出选择的权利，尤其是你可以选择不做什么的权利。因此你可以选择身体上的自由，包括自由选择迁徙、居住、发表言论，或者选择出售自己的劳动力价值来换取物质精神上的回报。但是更多的还是你可以选择保持心灵的自由。

现代社会里，对于严重违法的人，我们给予的处罚通常是关进监狱，使其失去人身自由，当然也包括一部分精神自由。人类的最终目的是追寻自由，寻找到最终的幸福。

（4）意义

法国后现代大师保罗·高更（Paul Gauguin）的一幅知名画作《我们从何处来？我们是谁？我们向何处去？》以塔希提岛为背景。最右边是一个生机勃勃的婴儿，代表我们从哪里来，最左边是一个行将就木的老妇人，代表我们向哪里去，整个画面代表了人的一生。中间是一个摘芒果的人，代表了现实的需求，象征人世的快乐。我们从何处来？我们是谁？我们向何处去？就是生命意义的哲学三问。人类天生具有一种寻找生命意义的内在动力。当我们相信生活有意义，而且相信自己可以找到生活的意义时，就能体验到一种掌控感。

（5）爱

爱是喜欢到很深入时的情感，包含爱情、亲情、友情、博爱以及人对所有事物的根本情感。

爱比喜欢来得强烈。心理学家齐克·鲁宾（Zick Rubin）提到，爱比喜欢要多三个新的体验：首先是依恋，即我们愿意和另外一个人长期在一起，得到关爱，享受亲近和身体上的接触。其次是关心，我们希望像照顾自己一样照顾另外一个人，满足对方的需求，并希望对方幸福。最后是亲密，我们愿意和另外一个人共同分享自己的感情、欲望、思想，以及身心的各种体验。

爱是人类的生物本能，是我们最强烈的体验之一，对我们的生存有极大意义。

以上这五种欲望的特点是：基于本能，但驱动力上需有一些外力辅助，没有那么强烈的紧迫感，但可以有长久持续的满足感，让人身心愉悦，体会到控制中的持久快乐。

▶ 欲望的底层

欲望坐在帘子后操纵着一切，人的行为是不由自主的，犹如欲望的傀儡。

神经学家海恩斯（Haynes）在2007年做了一个实验。实验中，他给志愿者安上大脑扫描仪，并让他们观看屏幕上随机显示的字母。他告诉参与者可以随时按下左手或右手食指下的按钮，并且记住在做出这个决定时，屏幕上出现的字母。通过功能性磁共振成像（MRI）技术，研究者能揭示出大脑在面临选择时产生的活动。实验结果显示：有意识地按按钮的决定通常是在做出按按钮这个行为之前约1秒做出的。研究小组认为，大脑活动模式能在长达7秒之前预示决定行为的发生。

我们研究人的行为，发现人的行为是由行为背后的潜意识所控制的，而许多潜意识实际上是欲望的另一种表达。科学研究表明，我们的研究到了欲望这一层，基本就停滞不前了。因为从欲望往下研究，有太多很难解释、证伪的东西存在。但是这不妨碍我们尝试去理解欲望下层的东西和逻辑。

1. 欲望来自于不满足

哈佛公开课桑德尔（Michael Sandel）的《公正》，里面提到了一个经典案例：你坐在一列失控的高速列车上，列车的刹车已经失灵。前方到了一个分岔路口，而你发现列车的正前方位置有五位工人正在埋头工作，如果不对列车方向有任何干预，正前方的这五位工人将命丧黄泉。这时候你发现你手边有一个按钮，按下按钮，列车将切换岔道到另外一根铁轨上，而另外一根铁轨上只有一个年轻的女孩。你到底该如何选择？

有许多人选择按下按钮。原因很简单，杀死一个人总比杀死五个人好很多。这就是功利主义哲学，这一思想来自英国哲学家边沁（Jeremy Bentham）。边沁认为，一种行为如有助于增进幸福，则为正确；若导致产生和幸福相反的东西，则为错误。幸福不仅涉及行为的当事人，也涉及受该行为影响的每一个人。简单说，哪种结果最实用就是最好的。

其实现代社会基本都在采纳这个观点，所有的活动都在追求实用价值的最大化。既然我追求的是价值最大化，那我一定会少做无用之事。既然我追求的是快乐，那我一定要减少痛苦。于是我们每天都在最大限度享乐并避免痛苦。然而，问题接踵而来。如果追求更多财富是最有用的，我们便努力让自己更富有。但是当你成为富人，你会发现原来自己并没有那么快乐。或者你认为纵欲就是最享受的，但是也会发现人很快就会感到空虚而痛苦。

因为人的欲望是无止境的，所谓富人也有富人的烦恼，家家有本难念的经。

2. 不满足是苦的一种形式

老、病、死三者，实际上是人类现有的生命形态天生便具有的缺陷，它们带给人们的痛苦属于自然压迫或自然苦难，是超时代、超阶级而存在的，如果人类不能成功地变革自身的生命形态，老病死之苦便不可避免、不可改变。至于爱别离、怨憎恨、求不得之苦等，虽然基本属于社会苦难，可以随社会的进步和改善而减少，但恐怕也不易完全根除。起码在今天，这几种苦难在生活中还随处可见，很少有人能彻底避免它们。若要细数，仅就现代人而言，我们还可列举出：心理失衡之苦、自我迷失之苦、酗酒嗜烟吸毒自戕之苦、纵欲之苦、失业之苦、破产之苦、人情冷漠之苦、失恋情变之苦、被人欺骗利用之苦、受人排挤之苦、遭劫盗之苦、战祸之苦、学习考试压力过重之苦、环境污染之苦、激烈竞争逼迫之苦、通货膨胀之苦、知识爆炸之苦、信息轰炸之苦……不胜枚举。而无常也即是苦，如对人性做深入研究，便会发现常乐乃人内心深处的根本趋求，实为人类文明创造活动的原动力，与此根本趋求相悖的无常，当然应说是苦。

3. 解决苦的终极路径

这里我们略过更深入的话题，来看看对 HR 的实际工作有何启发。

在现代纷繁复杂的社会中，每个人在职场中摸爬滚打，有太多烦恼与困惑。HR 需要拥有两支指挥棒，指引和帮助员工走向更好的未来。一支指挥棒引导白色欲望，另一支指挥棒引导黑色欲望，激励员工的本能，让每个人都成为一座活火山，随时爆发出更多的内在驱动力。用好白色欲望更重要，使员工更健康、更长远、更有意义的欲望得到激发，从而达到整体的和谐。

对于员工在自己欲望底层遇到的根本性问题，我们需要引领员工思考工作的最终意义、使命感，以及如何让心灵踏实、笃定，无惧无畏。在面对未知的将来的时候，起到导师的作用。

快乐驱动人的所有行动

我们来进一步分析、解读行为背后的科学原理。

一直以来，人们谈到人生四大喜事是：久旱逢甘霖，他乡遇故知。洞房花烛夜，金榜题名时。古代是农业社会，靠天吃饭，农民的粮食如果没有收成，那对这家人来说基本是灭顶之灾。因此你可以想象久旱逢甘霖的喜悦感觉。他乡遇故知、洞房花烛夜和金榜题名时就更不用解释了。

当然，说起喜事来，还有许多喜悦幸福的场景你可能历历在目。比如，当你走在野外，嘴唇发干嗓子冒火的时候，眼前突然出现一池干净的泉水。你用手捧起甘甜的泉水，泉水润过你的嘴唇和喉咙的感觉。又如，你在国外出差很多天，水土不服，肠胃不调，突然发现了一家家乡菜饭馆。当你用筷子夹起你最喜爱的可口饭菜的那一刻，激动的眼泪就在你眼眶里打转。

所有这些场景，最终在你身体里产生的反应都是很类似的：激动、温暖、惊喜而且快乐。这实际上是一种愉悦感，一种快乐，也是一种幸福的体验。[①] 人类的最终目的其实都是在追求幸福，追求快乐。

快乐产生于我们大脑里的一些特定区域，包括边缘系统、杏仁核和快乐中枢，这些脑组织结构直接决定了我们对于快乐的感受。

▶ 边缘系统

我们大脑里负责掌握情绪与感受的神经部位就叫作边缘系统。它在人类进化之初就已经产生。虽然我们天生就拥有边缘系统，但是每个人刚出生的时候，并不是本能就知道什么是快乐和幸福，而是由我们的大脑通过脑神经通道，释放一种与快乐相关的神经化学递质（也称神经传导物质）所决定的。我们的大脑会对人生中的每一次体验和感受做出评价，根据外在刺激的反应，来决定是否值得释放幸福的感受。

▶ 杏仁核

杏仁核是另一个与我们的情绪体验相关的脑区。它的形状大小如同一颗杏仁，位于海马体和侧脑下角顶端稍前边的地方，是人类脑组织中一个很小的存在。它是存储恐惧和焦虑信息的重要

---

① 《清华彭凯平的幸福心理课》，载喜马拉雅。

神经组织结构，是我们情感行为的核心。我们愤怒的时候可能会暴跳如雷，伤心的时候可能会无声流泪，沮丧的时候可能会唉声叹气，这些反应都来自于这个小小的杏仁核的驱动。杏仁核如果特别活跃，往往表示我们的负面情绪比较严重。而当杏仁核被抑制的时候，我们的情绪比较正向，更容易感受到快乐和愉悦。

▶ 快乐中枢

人类的大脑中还存在快乐中枢。1954 年加拿大麦吉尔大学的奥尔兹（James Olds）和米尔纳（Peter Milner）做了一个十分著名的实验。他们在老鼠的中脑区域植入一根电极，并将老鼠放在一个装有杠杆的密闭箱子里。实验中，老鼠每按一次杠杆就会有一串微弱的电流通过电极进入中脑，刺激中脑的神经细胞。老鼠可以通过自身按压杠杆来更大地激活电极所在位置的脑区。而在第二个实验中，即对照组，老鼠无论如何按压杠杆也不会有电刺激，结果是实验组老鼠按杠杆的速度远远大于对照组中没有电刺激的情况。这说明老鼠更偏爱被电击的实验，证明电刺激中脑区会伴随积极的愉悦体验，才使得大脑选择通过按压杠杆不断获得这种奖赏。后来奥尔兹和米尔纳还发现其他的特定脑区都有类似的结果。因此他们将这些中脑区域称为脑部的快乐中枢，或者叫作奖励中枢。

▶ 四种神经递质

原始的脑组织结构有专门的组织来感受愉悦，但快乐的信号如何传递呢？这就涉及下面我们要说的传递快乐愉悦感的神经递质。

与快乐愉悦感有关的神经化学递质主要有四种：多巴胺、内啡肽、催产素和血清素。每种化学元素的触发条件是不一样的，了解每种元素、每种化学递质是怎样工作的，对于我们找到刺激这种神经化学递质分泌的办法十分有必要。

1. 多巴胺

引发（注意是引发）愉悦感觉的神经化学递质是多巴胺，它是激发人类欲望的大脑神经递质。那我们做什么样的事情可以激发大脑释放多巴胺呢？就是做那些你觉得特别有激情、特别有动力的事情，可以帮助你释放多巴胺。比如，你突然很想吃一顿家乡风味的大餐，一想到儿时最喜爱的饭菜你就忍不住地咽口水，为此你不惜坐地铁跑十几公里到家乡菜餐厅一饱口福。或者你抑制不住地想和你想念的人见面，一想到这点你心脏就怦怦怦地乱跳，为此你坐公交倒地铁去他所在的学校和他见面。又或者你很想去远方的森林湖泊附近转转，想到能给自己疲惫的身心找一些安慰心里就越发渴望，为此你不惜驾车长途跋涉，翻山越岭来到风光优美的野外，给自己的身心做一次放松减压。这里，我希望大家做的都是有益身心健康的事情，而不是吸烟、喝酒或其他有害身心的危险行为。对于我们很多人来讲，多巴胺的分泌往往产生于一种期待，而不一定是获得之后的满足。因此永远有一些梦想，有一些追求，有一些计划，会促使你的多巴胺的分泌。激动的时候它会让你心跳加快，是一种特别的、兴奋的、冲动的感受，让自己激动就是多巴胺分泌的体现。

2. 内啡肽

会让我们产生愉悦感的神经化学递质是内啡肽。它是一种大脑内部可以自行生成的类似吗啡的生物化学物质。做什么样的事情可以促使内啡肽的分泌呢?保持定期的有规律的运动,会让我们的内啡肽分泌带来快乐感。运动的正面作用,似乎大家都知道。但是生活中,并不是每个人都在保持有规律的运动,如果运动没有成为我们的习惯,那么这样的运动其实很难产生内啡肽的分泌。如果要重复这样的一种行为,至少应在 45 天内不断重复这个行为,让这个行为内化成为你的自愿行为,这个时候内啡肽才会分泌。因此在这个过程中,我们需要对自己有耐心,也需要有意志力,不断去强化、重复这样的习惯,持之以恒,内啡肽就会逐渐分泌出来。

3. 催产素

与愉悦感受有关的另一种神经化学递质是催产素,又称为爱的激素。它促使我们能够享受社会生活中家人朋友给我们带来的愉悦幸福的感受。这种感受主要是大脑催化出来的催产素带来的。我们发现,任何能够增强我们的爱、归属感和信任感的人际互动行为,都会让我们感到快乐幸福,因为大脑会分泌出催产素,包括温暖的拥抱,富有同理心的对话,温情的陪伴,保持与他人的联系和连接,常与支持你的家人、爱人或者朋友们待在一起,都会增加催产素的分泌。特别是每天来自爱人的拥抱,可以促使催产素的形成对抗我们的抑郁感受,并产生幸福的感觉。

4. 血清素

还有一种与愉悦体验有关的神经化学递质叫血清素，它能帮助我们振奋心情，防止情绪低落和抑郁。在明确认识自己的能力欲望、身心特点和掌握的知识技能的前提下，我们通过调整自己的期待，并做当下自己能够掌控的事情都会让我们分泌血清素。所以尽量去做一些自己能做而且能做好的小事情，这些事情的完成会激发我们血清素的分泌。

▶ 大脑前额叶关于意义的感受

产生幸福的感受，除前面谈到的边缘系统、杏仁核和快乐中枢，以及我们的神经化学递质分泌之外，科学家还发现，大脑前额叶会产生意义感，也就是对灵性、悟性、感性和德性等的综合升华感。意义感能给我们带来接近终极的快乐愉悦感觉，对我们的快乐愉悦体验有十分重要的意义。前面谈到的边缘系统、杏仁核、快乐中枢以及神经化学递质的活动，会让人体验到一种开心的感觉，这种感觉使我们“上瘾”，就如同前面提到实验里的老鼠的快乐成瘾一样。但是要得到比较终极的幸福感受，还需要再一次升华，也就是要找到意义感。

正是大脑前额叶让我们找到意义和价值，最终让我们的快乐幸福达到终极状态。

▶ 终极快乐来自内在而非外在

一直以来，人们认为幸福快乐来自外在的因素。比如，物质条件更丰富了，有吃、有喝、有更好的住所就会很快乐。或者拥有了更多的权力、地位、名誉，受到更多人的尊敬和崇拜就会幸福快乐。但是实际上并非如此。这些外在的物质条件以及权力、地位、荣誉等身外之物，只能带来短暂的快乐，但是人很快就会适应，并可能对此厌倦麻木，最终可能会感到负累而痛苦。

经过科学家、心理学家等对大脑物质多年的基础研究，大家逐渐明白真正的幸福来源并非外部世界，其实还是自己大脑的感受，你的大脑里幸福的开关掌握在你的手上。我们不但需要大脑的边缘系统、杏仁核、快乐中枢和神经递质为我们的大脑生产出快乐，让我们感受到快乐愉悦，还需要大脑前额叶感受到意义，有意义感的快乐才是一种终极的快乐，也就是我们经常说到的幸福。

HRD

10 利用人性的特点设计制度

人性的本能就是希望工作“事少钱多离家近”，还很自由，这本身没有问题。我们做管理，就要针对人性的特点，设计出好的制度，让公司期望的行为不断发生，让优秀的人得到他该得到的一切甚至更多，这样的管理才是顺水推舟。

江山易改，本性难移。如果违反人的本性，期待人能按照我们期望的目标行动，我们需要付出的代价就太高了。你愿意顺水推舟还是逆水行舟，你是想事半功倍还是事倍功半，完全取决于你的目标。如何顺应和引导人性中好的一面，如何管理人性和抑制人性中不好的一面，在这方面我们能做的事情有很多。从实践中来，到实践中去。我们可以基于实践，来看看到底能做哪些行动来顺应人性，管理人性。

如何让工作有意义、有目标?

前文我们在欲望驱动行为模型以及科学原理中都谈到，人要找到意义感来感受最终的快乐，也就是我们通俗所称的幸福。工作亦如是。

1983 年，为了让时任百事可乐总裁的斯卡利（John Sculley）加入苹果公司，乔布斯说出了这段著名的极具煽动性的名言："你是想卖一辈子糖水，还是跟着我一起改变世界？"听完乔布斯的话，斯卡利毫不犹豫地加入了当时的苹果公司。实际上当年的苹果还是一家尚未成功的小公司，远不如现在的规模。其实冷静下来想想，斯卡利在百事可乐做总裁和在苹果公司的工作内容差异可能不会太大，而且都是在做一项伟大的事业。但是经过乔布斯的语言包装后，在苹果公司工作就获得了极大的意义感，相对于百事可乐的工作几乎是毁灭性的降维暴击。这就是意义的力量。

华为的任正非一直提到华为最重要的是奋斗文化："我们不是上市公司，不是为了财务报表，我们是为了实现人类理想而努力奋斗。不管条件多艰苦，我们都在努力。"在实现人类理想而奋斗的目标面前，一切的艰苦都变得没那么难以克服了，甚至奋斗成为一种荣耀，大家会努力去追求有意义的奋斗目标。

那么，如何让员工找到意义？

▶ 创造激发人性、让人相信的企业三观

没有使命感的公司是没有灵魂的。

针对生命，有一个著名的哲学三问：我是谁，我从哪里来，我要去向何处。针对企业的生命，哲学也有三问：我们存在的意义是什么，给社会带来什么价值？我们未来几十年甚至几百年以后想

成为什么样子？我们赞同和反对什么，愿意以什么道路走下去？

比如，你开了一家快餐厅，招聘到了几十位餐厅员工。如果你只告诉所有员工说我们的目标就是赚钱，越多越好。员工很容易明白，你是没有底线的人，而且赚的钱都是你自己的，我们都是为了你打工，心态会很不一样。员工心里会想，既然钱是唯一目的，那可以偷工减料，可以不负责任，只要有利于赚钱。我相信，你怎么样对待顾客，顾客也会选择用自己的方式来回应你，那就是离你而去。

但是如果我们的餐厅有一点，哪怕是一点点使命和意义，情况将有所好转。比如，你告诉所有员工，我们快餐厅的目标是让顾客吃得更好的同时又便捷实惠。如果我们能做到这点，能给顾客带来价值，顾客会信任我们而来消费，我们就一定能挣钱。理解这个使命感的员工会为了这个更让人感觉有意义的目标而做出符合预期的行动。

1. 使命不能过大和过小

尤其在企业初期，如果使命过大，如在公司才三五十人的时候就说要做成世界前十，员工肯定觉得你在说大话。更严重的问题是这个使命跟企业现状距离过远，对现状失去了指引的意义，相当于空中楼阁。当然，使命也不能过小。这样的使命可能很容易实现，但是实现后很容易让员工感觉到空虚。

企业要制定一个使命，需要先问自己三个问题：你有什么？你要什么？你能放弃什么？回答完这三个问题，其实你的使命内容就跃然而出了。比如，一家餐厅的使命可能是让顾客吃得幸福。

你要拥有对这个行业的深入理解和实践以及有志于投身餐饮事业的强大团队等。而一家娱乐公司的使命可能是要让所有人更加快乐。为了让大家更快乐，你招聘的员工应该都是很容易感到快乐的人，他们也会努力让自身的快乐感染到身边的每一个人，让别人感受到快乐。

2. 使命最重要的是让人相信

上面提到，使命过大，员工会觉得虚无，认为你在吹牛。使命过小，又容易失去本来的意义。但即使使命的制定规范合理，也只是存在于未来，是不可知的。既然不可知，是否相信它就变得更为重要。如果老板相信，员工也相信，那么很好，这就是一个比较完美的使命。如果员工不相信，使命随时可能垮掉。

让人相信离不开三个要素：使命本身合理；老板发自内心地相信并传递给员工；使命能够激发员工人性。

3. 使命要能激发人性

好的使命能与员工的思想融合在一起并产生化学反应。这种反应表现出来就是员工对你讲的使命是真心相信的，而且会用实际行为支撑、强化它。

员工都是独立的个人，每个人都很聪明，如何让员工真正拥抱使命，从中找到意义？首先，他认为你讲的使命是有意义的，能激发其内心的使命感和意义感，是善良的。其次，他觉得依附于这个使命的事业是有价值的，进而看到老板从内心真正相信这一使命，是值得追随的，他就会被感染。这个使命能跟他自己的内心需求有化学反应，能带给自己满足感，那么他将相信自己找到了使命意义。

▶ 让工作既能实现个人梦想又能改变世界

前几年，曾经有多家媒体到祖国西部边疆的几个哨所采访当地的人民子弟兵，顺便进行慰问。媒体记者们带着一些吃的和补品之类的奔赴当地。到了现场发现战士们在吃的方面还是比较能保证的，这得益于祖国大后方对他们的强大支持。让大家唏嘘的是，战士们工作环境的单调乏味超乎大家的想象。他们每天在户外巡逻几个小时，单独站岗几个小时，几乎一整天也没有说话的机会。而且站岗的时候，经常是一个人站在荒郊野外的哨所，那种孤独感是让人很难忍受的。由于通信线路是军用，不能民用，大家平时也没有机会跟家人打电话聊天，基本上算是一个人“失踪”在边疆好几个月。

但即使如此，记者们发现这些战士的精神面貌都非常好，言语之间都流露出开心自豪，而且大家对于这些苦难很不以为意，甚至可以很大方地开开玩笑，调侃那些折磨人的趣事。当媒体记者问他们选择这里到底后不后悔，他们没有一个人犹豫，都回答不后悔。

经过记者们的进一步了解，战士们道出了心声：我虽然很艰苦地在前线站岗，但是正因为我个人的付出，能让全中国亿万老百姓安心生活，安心睡觉，让大家能安居乐业，这让我备受鼓舞。我虽然渺小，但是我的这份事业是伟大的国防事业，我为此感到自豪和满足。

在公司工作也是这样的，需要找到工作与社会、个人价值的连结点。比如，中国铁路 12306 网站的一位后端工程师，可能他的日常工作就是在电脑屏幕后默默无闻地编写代码、调试程序、修改 Bug（漏洞），或者程序出问题了，深夜跑到公司加班修改。除公司的保安和自己的领导外，并没有人真正关注这位相貌无奇的工程师。但是如果我们跟这位工程师讲，你所做的事业太重要了，影响到中国千千万万老百姓的出行，如果你这里的程序出问题，几百万个人就无法出行，很多家庭的团聚和重逢都会泡汤，很多生意会延期，学生上学也会受到影响。那么对这位工程师来说，这份工作的价值感就油然而生。

如果一份工作能让你个人的家庭和你的父母更有保障、夫妻的生活更美好、孩子能拥有更好的条件学习，就是这份工作能带来的意义。

如何让员工拥有满足感和成就感？

生活中能找到很多追求成就感、满足感的例子。比如，在虚拟游戏世界中，我们会设计很多等级、派别、荣誉勋章以及通关关卡。每个身在游戏中的人通过自己操作的成绩获得相应的勋章并通过不同的关卡。这里，每一个级别、荣誉勋章、关卡等都是一种获得成就感的反馈，我们从中得到快乐而不能自拔。现实世界中亦如此，我们的头衔、职称、荣誉等，都是我们孜孜以求的东西。那么，我们如何构思才能更好满足大家的成就感？

▶ 制定处于学习圈的目标

成就感取决于实际结果与目标的差异，差异越大成就感越大。按照人的能力所能影响的范围可以划分为舒适圈、学习圈和恐惧圈。舒适圈就是自己熟练掌握，不用任何努力就能完成的工作范围。恐惧圈是自己无论如何努力也无法完成的工作范围。而处于两个圈中间的就是学习圈。研究表明，只有在学习圈的努力才能让人进步，并在努力得到反馈后感受到快乐。

因此公司要先设定一个工作目标，使之跟员工自身能力相匹配且要略高于正常能力范围，让人相信可以通过自身的能力和卓越的努力去征服它，而不是仅凭运气。这种目标才是最合适的。比如，对于一位负责广告营销收入的负责人，在公司商业库存没有大幅变化的前提下，基于正常市场增长的预测，“两年内广告销售收入达到现在的 1.5 倍，合作商户数达到现在的 2 倍以上”可能就是一个适合的目标。

▶ 分解阶段性目标

假如一个人设定的人生目标是成为一名伟大的科学家，这个大目标虽然很激励人心，但是却无从下手，也无法通过行动来发现自己离伟大的科学家近了还是远了。我们需要将大的目标分解为阶段性目标。比如，一位用户产品负责人的大目标是两年内日活跃用户数达到 1000 万以上，新增用户 30 日留存率达到 25% 以上。为了达到此目标，我们先将用户产品发展阶段分解为 0—0.1 阶段、0.1—1 阶段和 1—N 阶段。在 0—0.1 阶段，最重要的是产品的验证，我们不需要严格的 KPI，而是要看产品的内生增长性等，并发掘产品对用户的真正价值。一旦跨越了这个阶段进入 0.1—1 阶段，证明产品符合用户的需求和方向，就需要考虑用户的增长速度和新老用户的留存率。而在 1—N 的快速复制扩张模式阶段，需要考验的是急速的用户增长规模和市场规模，获取用户效率，以及用户营收效率。

因此细化到每个阶段目标，我们发现目标间差异是很大的，而且是环环相扣的关系，必须通过一个阶段的完成来检验我们的能力，并开启下一个阶段的任务。

▶ 当目标达成时及时反馈

前文也讲过，即使看起来最无聊而重复的小游戏，也能让人流连忘返，废寝忘食，一个关键的原因就是游戏的及时反馈促进了大脑各种神经元素的分泌，让人能感受到及时反馈的愉悦性。

充分理解了大脑的特性后，我们就会明白其中的道理，那就是及时反馈胜过事后补救。

以一位基层经理为例。当员工完成工作比较好，应当有相应的管理动作回馈，如口头或书面的表扬，让员工知道他的行为一直在期待的路线上。

如果员工产出了阶段性的成果，则需要给予公开的表彰或嘉奖，不但让员工本人知道，更要让所有部门员工都知道我们鼓励什么，赞扬什么。特别是对于每一个里程碑小目标的完成，则可以组织公开的庆祝会予以祝贺。对于持续完成优秀业绩的，需要及时晋升调薪、嘉奖或者给予更大的发展空间、更多的培养机会。同时树立标杆让优秀的行为在公司中形成标准示范。

与此同时，当员工完成工作时出现问题，有一些不正确的做法，那么管理层要及时纠正，并给予辅导，示范正确的做法，同时需要监督员工按照正确的做法举一反三，直到员工能按照正确的做法进行工作为止。

在整个过程中，及时反馈非常重要。不能等到问题发生再将员工开除换人，这种办法太过简单粗暴。同时，管理层需要有能力将案例植入到公司流程和规范中。

如何满足员工的拥有感和自主性？

俗话说：财聚人散，财散人聚。公司管理中关键的一点就是利益机制要摆好。首先要解决的问题是如何分钱，如何让员工共享公司的发展利益，做公司的“主人”，获得拥有感。其次要设计机制让员工发挥主观能动性，能在本人的自主意志下工作。

▶ 华为的虚拟股票

华为公司的股权激励和员工虚拟股票制度可以称为典范。

1990 年，华为的企业发展遇到了资金困难，很难从银行获得企业发展所需贷款，因此当时提出了一个内部融资、员工持股的概念。员工以每股 10 元参股，以公司税后利润的 15% 作为股权分红。华为在员工的薪酬设计上，按照工资：奖金：股票以 1：1：1 的结构调整。员工入职公司一年以后，依据职位、绩效等情况用公司发给本人的各项奖金来购买股票。奖金不够的，公司帮助员工从银行贷款购买。华为采取这种方式融资，极大缓解了公司的资金困境，为公司的发展赢得了宝贵的机会。同时让员工成为企业的股东，获得了与华为同命运共患难的归属感。对于华为员工来说，哪怕只拥有 10 股、100 股的公司股票，都让员工感觉自己是公司的主人。但是如果完全没有，那感觉就是局外人。有时候心里的感觉就是一线之隔，但是对员工的激励效果有天壤之别。

后来华为公司高层考察国外的期权激励和员工持股制度，并于 2001 年正式开始推行虚拟股的激励制度。虚拟股票是指公司授予激励对象一种虚拟的股票，激励对象可以据此享受一定数量的分红权和股价升值权，但是没有所有权，没有表决权，不能转让和出售，在离开企业时自动失效。虚拟股票让员工获得分红权，也让员工更着眼于公司股价的升值所带来的利益。

2008 年后，为解决老员工坐享丰厚分红而“怠惰”的情况，以及外籍员工无法分享收益的情况，华为 TUP（奖励期权计划）应运而生。TUP 计划的实施框架是：每年根据员工岗位级别、绩效，分配一定数量的 5 年期权和增值权，员工不需要花钱购买，可获得相应的分红权，5 年后清零。员工只能不断努力工作以换取更多的奖励期权，避免老员工在拥有大量股票后坐享收益，不思进取。

虚拟股在公司资金紧张时可获得内部融资，而TUP计划在公司资金充裕时可让利留权。华为公司的股权激励可以将员工的人力资本与企业的未来发展紧密联系起来，形成一个良性的循环体系。员工获得股权，参与公司分红，实现公司发展和员工个人财富的增值，同时与股权激励同步的内部融资，可以增加公司的资本比例，为公司发展获得了最急需的资金，支撑了公司业务的快速发展。

因此，华为这些年的高速发展与利益分享的机制密不可分，而且这种分享机制一直在不断优化，让利益共享由平均主义向奋斗者倾斜。员工不奋斗就会被淘汰，进而失去未来的利益，从人的损失厌恶的心理上驱动员工向奋斗者靠拢。

▶ 永辉的合伙人制度

在发挥人的主观能动性解决管理难题方面，永辉超市合伙人制度是另一个典范。

永辉所在的生鲜和食品超市行业有两大顽疾：一是超高的损耗率极大压低了本来就十分微薄的利润；二是极高的人员流失率给公司带来巨大的成本负担。不但影响人员招聘、培训和流程配合度等，更重要的是带来了顾客的流失，至少不利于促进客户进行更多的消费购买行为。缺乏利益绑定，又缺乏自由度，会让员工失去改进的动力。比如，在超市里员工随意甩堆各种蔬菜、水果带来大量的损耗，给公司带来直接成本损失。而且，员工不用心工作可能让品相不佳的生鲜和食品摆上台面，进而降低顾客购买的吸引力。

为解决诸如此类的种种问题，永辉超市实施了合伙人制。员工以门店或柜组为代表，作为永辉的合伙人分享门店或柜组的增量超额利润。据说有的门店，合伙人能分享的增量利润能占到门店利润的 20%—40%，这个分享比例已经相当可观了。当店长拿到这笔分红之后再根据其门店岗位的贡献度进行二次分配，最终使得分红机制照顾到每一位基层员工。

通过合伙人制，员工明白只有自己为消费者提供更出色的服务，才能得到更多的回报。而避免不必要的浪费，实际上也是增加门店利润，这也相当于给自己的奖金带来增长。因此在国内整体果蔬部门损耗率超过 30% 的情况下，永辉超市只有 4% 的损耗率。

此外在合伙人制下，门店自行决策门店的人员招聘、培训、解雇等，反正奖金包是可以计算的，如果不能创造更多的奖金包，多招员工只会降低大家的收入。这样在大部分情况下，大家还是会选择效率优先，尽可能以最小的人力来做最多的产出，从而使大家获得更好的回报。由于大家自行管理，真正实现了管理自治，极大提升了管理效率，最终永辉超市的合伙人制度收到极好的效果，也被很多公司借鉴采用。

简单总结，公司的制度需要尊重人性，给予员工拥有感，同时给予员工更多的自我发展空间，激发员工的主观能动性，这样的制度才顺应人性，并能最终解决管理的难题。

如何满足员工的社交和情感需求?

▶ 在战斗中形成友谊，营造人才辈出的局面

从心理学研究看，如果人与人之间一起经历过情感起伏的历程，那么就更容易产生化学反应，大脑的防御机制降低，亲近好感会上升，人更容易形成良好的人际关系。

比如，两个人作为战友，历尽磨难，身体承受非人折磨，在战场上生死与共，互相可能是对方的救命恩人和后援依靠。这种生命层面上的信任会让两个人的关系升华到一种无与伦比的地位。同样地，两个人一起同过窗，经历十年寒窗苦读，在学习过程中一起熬夜复习，在精神快崩溃时互相打气，在取得成功时分享喜悦，这些经历对每个人都是刻骨铭心的。

如果理解这个道理，公司就需要考虑给大家创造一种情感起伏大的共同经历，如让大家在战斗中成长并形成“革命友谊”，凭借战功来领取业绩奖赏和选拔人才。

一位前辈曾经说过，一个事业做成有两个显性标志：一是死伤无数，一将功成万骨枯；二是梯队中间良将如潮。团队有伤疤，才会让组织更加紧密，风花雪月、风和日丽的时候是形成不了团队的。只有在打恶仗的时候，才会形成最原始的那种具有江湖气息的组织。所以，组织必须经历从团伙再到团队。

一个组织最开始都要经历只有一两个人或两三个人的阶段，团队会发生几次裂变。比如，第一次裂变是指 3—5 个合伙人的培养，在成长期里找到中层核心运营团队；第二次裂变是通过空降、选拔、晋升、子弟兵培养，新的核心运营团队替换老的团队；第三次裂变是要建立新合伙人团队，建立核心经营决策层等。在每一个阶段，我们对团队的决策机制、奖惩机制、流程管控都是不一样的，可以说有根本性的区别。

1. 战斗文化

要从骨子里形成战斗的氛围，首先领头人本身必须有这种气质，然后招聘时必须找到价值观一致、认同这种文化的人员，一起奋斗。领头人通过树立有挑战性的目标，并与团队人员密切沟通，分解策略，让大家认同或者理解正在做的是一件可以成功且需要努力奋斗才能让目标实现的事业。通过领头人的传帮带，以及在团队中潜移默化的影响，最终达到思想上的统一。战斗就意味着有胜利，也有失败，既有占领新市场后的奖励，也有业绩不佳的淘汰，要让团队形成一切用结果说话的文化。

2. 赛马机制

要激发团队，最直接有效的手段就是赛马机制。赛马机制从范围和深入度可以分为内部排名、公司公开排名、竞争对手比较、激进目标对赌等形式。使用赛马机制比较出名的是当年阿里销售的金银铜牌排名制度，即对每个月全国的销售进行公开的大排名，当月排名的业绩作为本月的业绩结果，这个结果可以决定下个月的提成率。一名销售本月冲目标完成后，如果想拿到高额的提成奖励，需要下个月继续努力才行。当月排名榜单全部透明公开，让所有优秀的人能享受到荣誉，而且可以刺激其他团队追赶先进。现今的互联网赛马机制已经非常普遍，往往会综合业绩对赌、与竞争对手的比赛以及公开排名等各种形式。

3. 战功制度与利益共同体

要让大家努力拼命，如果前面没有诱人的利益，是不可能的。以前面提到的阿里销售队伍的金银铜牌制度为例，阿里把战功制度和利益捆绑很好地结合在一起。每次业绩排名最前的销售［有一些销售是做基础业务的 B2B（企业对企业）电话销售］都会得到非常丰厚的提成奖励，而且会对其授予宝贵的期权。在很多公司，期权仅仅面向公司的高管和管理层等，而阿里让每一个有战功的人都能共享公司的未来发展成果。除此之外，还会邀请一些 TopSales（顶级销售）到全国的大会上公开演讲，分享业绩成功的经验。这些对于员工来说都是莫大的荣誉。阿里把农夫精神带到工作中，鼓励销售像培育禾苗一样精心培育自己的客户，深耕细作，为市场口碑服务，从而创造一种可持续、能够长久互利共赢的成长模式。

核心团队都是在战斗中建立革命友谊的战友。战友之间有着深层的连接与信任，是身上挂满军功章、经历风雨终见彩虹的团队。如果你的核心团队是由这类人组成的，那么即便你的事业换一个跑道，这群人大概率也可以帮你把事做成。

▶ 有共同理想又包容的文化

很多公司的团队特别偏执。如果团队是销售导向的氛围，就很难接纳技术同学的融入，或者团队是技术产品导向，商务运营的同学加入进来就会感觉被隔离。当然还有一些情况是，业务领头人的业务能力很强，但是因一些性格上的缺陷得罪了很多人，这样的团队也很难在公司里存活。团队如同社会，需要包容。

首先，团队要有一点理想主义色彩。曾经有一个某汽车网站全国区域分站的广告销售管理的案例。当时按照全国民众购买力和市场规模来看，华东市场应该是全国数一数二的市场，但是实际结果发现，他们网站的华东市场业绩在全国排名中未进入前三，这跟市场格局甚至竞争对手的格局都很不一样。公司刚开始怀疑是总部对他们的支持不够，也怀疑是不是当地销售人员的能力不足导致，最后了解到，主要原因是一项制度设计。根据公司的制度设计，销售的提成是根据上个季度的下单业绩，但是有一个很低的封顶，即完成率达到 120% 以上做再多也是 120%。这就意味着如果销售做到 120% 后，能不能给自己留一点业绩挪到下一个季度去呢？实际上，华东团队一直在这么操作。而其他很多团队就没那么“聪明”，一直在拼命冲业绩。

后来公司做了两个修改，第一，提升了封顶值（考虑特殊情况不能直接取消封顶）。第二，销售副总裁专门定期到华东团队驻场，与各销售团队的负责人沟通，激励大家不设限，增强责任心，把事情做好后整个团队才有更好的未来，要学会算大账而不是小算盘。一年后华东市场的业绩很快就上来了，而且华东团队的目标与整个公司的更远的目标结合在一起，避免了让其他团队学华东团队“踩刹车”的负面案例。

其次，包容要有实际行动，即允许有争议，有不同意见。我们虽然要追求战斗文化，但是对团队来说，最可怕的是只有一种声音，没有思想的碰撞。这样的团队，负责人的天花板就是团队的天花板，很难走得更远。从人员结构上，公司应该有比较明确的态度和不成文规定，不应允许一个部门的成员都来自一个地方的情况存在，或者有过高的比例（具体可以根据公司的原则来确定），更应考虑员工来源的多样性，避免帮派主义的山头存在。文化上鼓励公正平等的沟通，让“我坚决反对你的观点，但是我誓死捍卫你发表观点的权利”的精神能在公司内执行。此外，根据公司的情况来确定各种成文或不成文的制度设定。比如，华为设置了蓝军部门，专门来唱反调，可以从反对者的角色挑战现在的所有决定、行为以及政策合理性，并提出自己的不同意见。这套机制避免了华为落入自我欺骗的陷阱。还有的公司规定，在所有决策做出前，都需要有一个公开讨论，在讨论会上可以随便争论。但是一旦最终确认了计划，就要坚决执行。大家可以有不同意见，但是要最终达成共识。

团队要不停地蜕变、迭代、进出，才能打造一个全新的融合了不同背景人才的团队。

▶ 营造有归宿感的氛围

一般，留人有三种最重要的砝码：事业机会、个人利益、情感归宿。事业机会和个人利益在很多情况下都是给定的约束条件，因为一家公司确定要进入什么行业，有什么竞争条件向前发展都是已知明确的，个人利益也受到公司内部的分配机制和市场竞争力的制约。而在情感归宿上公司可以做的有很多。在营造有归宿感的氛围方面，我们应该做到以下几点。

1. 领导层和员工共甘苦、共命运

在公司里，领导层要与员工平等相处，共甘苦、共命运，让员工感受到大家亲如兄弟。

2. 老人和新人传帮带，对离职人员多一些人情味

大部分公司是默认由新人的直接上司来带新人，这方面的问题很多，主要是没有专门的职责要求，上司一般不会系统化地指导新人，基本上新人一来就干活，干得不行就要受到指责。而且如果不明确沟通职责，上司和新人间的沟通是上下级的非平等对话，沟通也是临时、不定期的居多，最终效果都不太好。

如今许多公司都建立了完善的新人导师（Mentor）制度，来专门指定人指导新人适应环境，提供必要的专业能力指导，系统性安排一些循序渐进的任务并协助新人，还会定期与新人做一对一的定期沟通和复盘，这种制度较好地解决了新人融入的问题。

但是很多情况下还是要看执行的效果。很多公司还停留在任务式的帮带而已。要更进一步，就需要以类似亲人式的帮带来让新人感受到真诚。当年阿里销售员出去拜访客户，新人坐公交，老人也一起坐公交，新人骑电瓶车，老人就坐在新人后座。老人见客户全程带着新人，不担心有一些“独门绝技”被新人学走。这种“我做你看，跟着做的”陪访机制，能够迅速提升新人的信心与能力。如果老人、新人碰到同一家客户，老人会主动把这个客户让出来。这是不成文的规定。你是新来的人，我就帮你。你签不下来的单我帮你签，提成也归你，让你有信心。正是这样的规矩让新人在团队中感受到归宿感，感觉到家的温暖。

对于离职员工，在法律之外，多一些人情味。比如，离职时对离职条件的加分照顾（不违反法律和原则）；公司建立离职员工的“校友会”式的组织，定期与组织保持沟通，让这些离职员工始终环绕在公司周围，永远感受到公司的关怀。

3. 对员工和员工家属的关怀

对员工个人和家庭的关怀更是不可少。比如，考虑到员工吃饭的方便、快捷和安全，公司在有条件的情况下，可以提供比较良好的食堂服务。在员工辛苦加班的时候，提供良好的加班福利，如早晚打车的报销，以及加班餐和加班水果补助等。为了感谢员工家庭对公司的支持，可以支付一些员工家属可以享受的福利，如家属的健康保险、家属优惠享受公司产品的福利等。公司还可以邀请员工家属参与公司的各项活动，如各种庆典、公司内部活动、团队出游团建机会等。这些都可以时时刻刻让员工感受到，只要我在前面冲锋打仗，大后方有公司的专业团队为我提供无微不至的关怀，我就永远会被公司当成最宝贵的资产呵护。

只有把团队利益和个人利益结合在一起，才能实现团队的目的。当大家找到一个共同目标以后，跟着这个目标，跟着这个组织，跟着这个团队，社交和情感需求得到满足，最终才能更好地完成共同目标。

如何满足员工的好奇心和创新需求？

好奇心是推动人类进步的法宝，也是人性的本能。这也就能解释，为什么马路上只要发生一点事情，就会引起那么多群众的围观。既然好奇心是人类的本能，如何尽可能地引导员工发挥本能，产生源源不断的创新动力？

大家都知道在谷歌和 3M 公司，都有一个创新的规则。比如，谷歌公司明确规定，你可以将你 20% 的工作时间用于你自主选择的创新项目上，这些创新项目可以超出你的个人职责范围。同样地，在 3M 公司里，员工可以将 15% 的工作时间用于检验他们认为也许有用的创意之上，无须经过公司的层层审批。这些创新的机制给公司员工提供了优质的创新环境和保障。在很多企业里，员工花时间去钻研创新项目，不仅面临创新本身很高的失败概率，同时还面临领导和其他同事的无形压力。领导和同事可能会想，大家在业务前线冲锋做业务，压力这么大，你竟然有精力去做一个不靠谱的项目，这对大家太不公平了。而刚才提到的谷歌和3M公司的明确规定就给员工卸下了这一层压力，使得员工可以放手去做。

但是，一家公司的创新不可能仅仅依靠一个创新的规则就能成功，创新其实是一个复杂的系统。我们需要仔细研究系统是如何运作的，找到适合企业自己的创新机制才能成功。那么，应该如何做呢？

▶ 创新目标和边界让创新走得更远

公司的创新目标应该是明确的，可以被员工理解的。比如，一年一个新产品上市，10%的收入来自创新产品。这样，各个团队和员工都能理解和做好自己的目标设定，而且能够掌握好自己的节奏。如果这个目标是虚无的，如我们要保证我们的创新能力一年比一年更强之类的，那么很难被理解，也没办法衡量，大家就不知道从哪里着手，只会乱作一团。这个创新的目标要从上而下以规则的形式明确出来，像公司的企业文化一样，被宣传公示。公司老板和高层管理者要经常宣讲，在董事会、高层经营会议、部门管理会议上都要有所提及。把事情说100遍，把目标刻进员工的脑子里。

与此同时，公司也需要给创新划定边界，如15%的时间可以用于创新，或者100%主业业绩达标后的其他时间可以用于创新。很多人的误区就是以为创新无边界，所以不应该对创新有任何束缚，但这其实是错误的概念。创新思想可以无边界，但是创新的领域一定是有边界的。对大部分员工来说，创新毕竟非主业，需要考虑先做好主营业务的事情，然后腾出时间精力尝试创新。

公司还需要让员工看到公司是真心重视创新这件事，不是忽悠，不是给自己脸上贴金子的噱头。这也就意味着公司从上而下有机制来保障，检测创新是否还在一个良性环境中运行，而且要坚持不懈地不断给予支持，让创新能持续进行下去。

▶ 领导的支持和宽容

一件事情想要成功，一百种努力都不一定能保证成功；但是想要失败，一点点的推动力就够了。意思是说，在公司的创新这件事上，需要公司的每一位管理者从上而下真诚的支持和理解。

首先，老板要表态支持，公司高层要不断从价值观和方向上阐述为什么一定要创新，给中基层管理者信念和方向上的支持，这是风向标。公司高层最好能通过一两个实际案例来表达对创新的实际支持。比如，有一两个创新试验，在前期屡试屡败，被其他员工一致怀疑，但是公司给予足够的宽容，最终项目取得进展的案例。甚至也可以对目前创新受到挫折的项目给予关心和支持，这些宽容都是对创新最大的支持。在创新上，员工是拉着船艰难前行的纤夫，而管理层手里有一把可以随时剪断纤绳的铡刀，一点点的不重视就等于让铡刀刀口落下。

当然，创新的想法要落地还需要资源。工程师们需要计算机、服务器设备。工业行业的创新更复杂，需要仪器、设备、原材料以及实验支持服务。公司应该有针对立项的创新项目的支持预算，并统筹协调资源。公司可以提前做好创新知识产权的安排，与员工说明此为职务发明，归公司所有，当然员工会得到相应的回报。

▶ 激励创新行为，表彰创新成果

激励会改变人的行为，而且被奖励的个体标杆或者英雄又会对其他员工产生良好的示范作用，这个原则用在创新激励上同样适用。

创新应该被纳入公司的激励体系之中，可以在 KPI 指标里增加创新的权责和内容。根据 KPI 完成情况，依据公司的激励方向给予应有的激励奖励。需要定期或不定期挑选出值得激励的事件、项目、里程碑，召开专门的会议进行分享，并对应表彰嘉奖。对于做出重大成果或者做出持续性贡献的个人或团队，给予晋升调薪等回报。这些激励会大幅加速创新的成果产出。

当然，创新的激励也应该着眼于长期表现，因此有的企业会在 OKR 中引入创新，而不一定在 KPI 中规定具体的创新考核指标。甚至我们可以把创新作为公司 KPI 之外的一个补充，从而避免因短期 KPI 的压力而扭曲了创新的目的。

要注意，不是人人都是为了物质激励而去做创新的。为了增加员工的职业新鲜度，以及未来职业的发展机会，也可以设计一些机制，如轮岗激励或员工自由组建实验室的激励，让员工获得内心的认可，辅之以公司的表扬、认可和嘉奖。

▶ 让思想碰撞，让实践检验

创新不是一个人坐在那里苦思冥想，突然之间得到一个秘方就能成功。通常意义上，创新需要员工细致的观察和潜心的思考，同时也需要跟业界同行之间有充分的交流，甚至还需要与不同专业的同事进行观念交流和思想碰撞，在碰撞中产生创新的火花，大家一起将这些火花储存起来并付诸实践。因此从某种意义上讲，交流和分享信息及思想是孕育创新的母体或土壤。公司需要建立这种交流分享的平台，让土壤上的物种更具多样性，从而孕育出更丰富的新生态。

从物理上，公司的办公空间要做一些设计，多设计一些公共空间，方便员工与员工之间碰面交流。比如，休闲的咖啡厅，工位旁边围坐的沙发凳等。这都会促进不同部门、不同专业背景人士的交流，大家在交流中能产生新的创意。

虚拟空间里也是一样，公司内部的社交平台如果运营得当，也是一个很好的交流平台。大家在内部的员工社区或知识分享平台上分享最佳实践，或者在 Git（分布式版本控制系统）等技术平台上交流代码，彼此交换意见，产生新点子，这都是可以借鉴的实践。

当然，最重要的是因地制宜，其他公司的创新说得再好也不一定适合你的公司，因此需要根据行业特点、企业的文化和目前所处的状态来制定适合本企业的创新制度。创新管理是艺术，是在松和紧之间的平衡。管理过松就会带来混乱，没有效率；管理过紧又有可能减少或扼杀创新。

▶ 自组织创新，彻底释放原动力

现代社会，更多的创新来自边缘，即很多创新不是你可以规划好、提前布局的，而是需要搭建好的环境，培养出好的土壤，这样创新就会涌现，如同雨后森林里冒出的蘑菇。

有条件的公司可以考虑做两件事，第一件事是允许自组织。公司鼓励有想法的员工，发起项目来征集资源和支持用于前期项目自运转。如果项目所需资源超过阈值，项目经过公司VP（副总裁）层级批准即可给予一定的投资宽容度。有的产品想法在现有的决策中无法落地，如果员工有意愿，也可以允许员工开发部分产品功能，在公司的产品上做部分验证。

第二件事是做创新的发掘和投资。这就需要公司有专门的组织来协调对内部创业和外部投资的发掘能力。这点就不展开了。

我们的目标是为员工创造独一无二的稀缺感。

顺应人性，善用和抑制贪婪

上文我们用了很多篇幅谈到，如果管理能顺应人性本能则犹如顺水行舟，违反人性本能则如逆水行舟。因此，好的管理制度应该是顺应人性，激发人的本能的。在这方面不同公司有不同的做法。

▶ 负激励，利用人性的恐惧

“二战”时期，巴顿将军（George S. Patton）通过一份来自前线的战事报告了解到，牺牲的战士中竟有一半是在跳伞时摔死的，这令他十分恼火，立刻赶到兵工厂。

当时负责生产降落伞的是商人考文垂，见到前来兴师问罪的巴顿，他赶忙汇报说："这些年我一直在狠抓产品质量，降落伞的合格率已达 99.9%，创造了当今世界的最高水平。"巴顿怒斥道："每个降落伞都关系一个士兵的生命，你就不能做到百分之百合格吗？"考文垂苦笑说："我已经尽力了，99.9% 是最高极限，再没有提升的空间了。"

巴顿怒不可遏。他走进车间，忽然从流水线上随意抓起一只降落伞包，大声地对考文垂说："这是你制造的产品，我现在命令你抱着它上飞机！"

这个伞包刚刚下线，根本未经过任何检验，万一是次品，自己就将粉身碎骨呀！考文垂吓得要命，可是迫于巴顿将军的权威，只能胆战心惊地拿着伞包，上了飞机……

还算运气好，考文垂有惊无险地回到地面。望着一脸狼狈、吓得几乎快要尿裤子的考文垂，巴顿大笑一声，随即严厉地说："从今天起，我将不定期来这里，命令你背着新做成的降落伞从天上跳下去。"

从那以后，巴顿一次都没再去兵工厂，战士也未再发生跳伞伤亡事故。多年之后，下属疑惑地问他："您是怎么想到那个主意的？"巴顿慢悠悠地答道："考文垂他们并非不具备制造完全合格产品的能力，只是他惯于惰性思维，按一般标准行事，只有把他和前线士兵的性命拴在一起，把他的安全和产品质量拴在一起，他才会竭尽全力。"

在心理学中，恐惧是一种人类及生物的心理活动状态，通常称为情绪的一种。恐惧是指人们在面临某种危险情境，企图摆脱而又无能为力时所产生的担惊受怕的一种强烈压抑的情绪体验。在组织管理中，员工的恐惧就是害怕失去他所拥有的。因此，在实际的制度管理中就有利用员工恐惧进行管理的情形。

1. 负激励

负激励直接有效，尤其对于制造业工人、服务从业者等，当他们的需求还处于马斯洛需求中的中低层需求时，效果尤为明显。

之前提到丹尼尔·卡尼曼设计的掷硬币实验曾经很明确地揭示了人类对损失厌恶的心理。正是利用这点，很多公司采用罚款、扣奖金，甚至降薪的手段去刺激员工做好工作，统称为负激励。

（1）设置高额业绩目标，如果员工达不到目标就扣除其业绩奖金，倒逼员工完成业绩目标。以生产线的工人为例。一位工人正常的底薪是3000元，业绩奖金是2000元，但前提是完成当月的生产任务。完成率距离100%每少5%，奖金扣减200元直至2000元奖金扣完为止。当然，实际考核情况要更复杂一些，还需要考虑产品的质量要求。而对于工作复杂度更高一些的职位，如区域商务拓展经理，就可以与公司签订军令状做业绩承诺。员工在军令状中承诺今年完成区域客户数和收入金额均同比增长50%，完不成任务自愿放弃今年的业绩奖金。其他职位原理相同。

（2）考核体系外的独立奖惩体系。比如，一名区域商务经理，奖金与公司对其考核有关，如签约商户数和客户的续签率等，如果完成就可以拿到目标激励奖金，对于非考核要求下的管理要求未达标则给予罚款。比如，公司要求客户第一，当遭遇客户投诉被证明有责任时，需要扣罚奖金，等等。这些罚款一般通过罚款加荣誉处罚的方式一并执行。

2. 批评与排行榜

人都有荣誉感和自尊心，内心害怕失去荣誉和自尊。有些公司会采用口头谈话批评、公开通报等方式刺激员工为维护自身荣誉、自尊而改善工作。

（1）批评。对于轻微的工作失误，如果不是一而再再而三的失误或员工有主观故意的动机，一般通过谈话批评都能解决问题。对于超出谈话范围的错误，则可以公开批评，甚至书面发文通报。各家企业都有成熟的分级处理方式，这里不展开赘述。

（2）排行榜。排行榜被广泛应用于各种管理场景中，让优秀的人员得到公众表彰，激励中下游的人员力争上游，鞭策落后的人员奋起直追，可以说是一种比较好用的管理手段。

大家普遍使用的是业绩排行榜。比如，在销售部门按客户收入完成率和金额排名，以部门、地域或者行业等其他维度二次分类，每天、每周都在公司内公示排行榜并奖优罚懒。而技术产品部门多采用里程碑排行榜，按照产品或者项目的计划周期规划产品路径，然后按完成里程碑节点所需要的时间和质量进行排行。

当然还有些企业以客户或用户视角由外向内看，基于这个视角制定排行榜，如客户满意度排行榜等。无论是哪种排行榜，重要的是标准统一、规则统一、公平公正公开，在此原则下各部门展开竞争。对于排行榜排名靠后的员工，需要有相对应的处罚办法，如一次警告，二次处罚（如经济处罚或降低绩效成绩等），三次淘汰。

3. 终极处罚

终极的处理措施就是淘汰，即解除劳动关系，这方面不同的企业采用的方法是不同的。

（1）人力活力曲线淘汰。人力活力曲线“2–7–1”是当前应用最为广泛的绩效强制分布法。公司强制将员工分为20%绩效优秀、70%绩效普通和10%绩效较差三档。每个部门，即使这个部门的实际业绩很优秀，都需要有10%的员工被强制划到绩效较差的群体。公司对这些不适合的员工，将采取解除劳动关系的处罚。

（2）最低门槛淘汰法。有很多企业制定统一的淘汰标准，如制定业绩及格线。业绩不能达标的销售，写作产量不够的内容创作人员，代码产出不够的程序员等，都将受到一次警告，二次淘汰的处罚。

（3）ROI（投资回报率）动态核算淘汰。很多企业采用ROI核算项目的产出，按照项目或BU核算的产出来核定到底谁应该被淘汰。员工职业命运绑定在项目或BU的整体产出上，一荣俱荣，一损俱损。

不过随着经济发展、企业产品升级，员工不再只是生产线工人、服务业从业者，越来越多的员工属于知识员工。经济条件优越的“90后”“00后”步入职场之后，利用人性恐惧的管理模式越来越有局限性。

▶ 正激励，激发人性之善

上文提到利用人性的恐惧来制定管理，执行起来的副作用很大，而且对知识型员工的效果越来越显得力不从心，其实换一个角度利用人性的欲望来制定管理才是顺水推舟。合理利用人性欲望，可以激发人性之善。

1. 正激励及荣誉奖励

据说人类为捕捉猴子，曾制作出一种木笼，笼中放着食物。猴子伸进手去，抓住食物，手就拿不出来。要想拿出手来，必须放下食物，但猴子绝对不肯放下食物，于是猴子就被捕了。猴子之所以被捕，是因为没有“放下”的智慧，放不下的恰恰是猴子的欲望。看起来这个欲望是负向的，但如果合理引导，也可以作为正向激励改变行为的工具。

比如，常用的激励工具，包括奖金、提成、分红等，以及更长效的长期激励，包括股票、期权、业绩承诺奖等。通过设计不同的薪酬组合，让员工付出更多、业绩更好的时候得到更多的回报。对于中高层或核心员工，要设计更多的长期激励让个人利益和公司利益绑定。当然激励工具需要结合各公司的实际情况来设计，这里就不再展开说，最重要的是趋势和设计原则。

（1）从刚性窄幅薪酬走向大弹性宽幅薪酬。随着现在工作内容越来越复杂，你很难去定义清楚一个职位的业绩产出的上限和边界。职位的产出很大程度上取决于员工个人的能力水平和绩效状态。因此在薪酬设计上就需要从刚性窄幅薪酬走向大弹性宽幅薪酬。

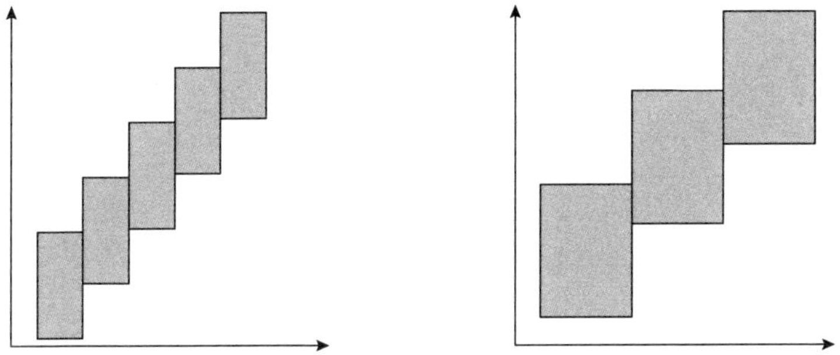

图 10-1　从传统薪酬等级走向宽带薪酬等级

以互联网公司的产品经理岗位为例。在传统窄带薪酬下，月基本工资（Basepay）范围是 1.5 万元到 2 万元。但是考虑到一位优秀产品经理的创意应用到产品里，可能影响的是几十万甚至几百万用户的体验，也许会让几十万、几百万的用户喜欢上这个产品，并可能让产品的收益增加或者减少几百万元、上千万元，有的创意甚至能改变公司的命运，我们就需要考虑提高产品经理职位的要求，尽力找到符合公司期望的最优秀人才。而一名优秀的、产品思路和创意十足的产品经理，薪水可能是 2.5 万元，甚至 3 万元，那么宽带薪酬就很好地满足了招聘到优秀人才的需求。

（2）从低激励力度走向高绩效高薪酬。同样地，需要引导加大绩效工资在收入中的比重，引导员工多劳多得。传统的激励设计中，薪酬的底线是基础固定薪酬。比如，一名工程师的月固定基本工资是 2 万元，绩效奖金是 4000 元。高绩效高薪酬体系下，月固定基本工资还是 2 万元，但是绩效奖金的基数是 8000 元。高绩效配套的是高目标和高门槛。原来你 100% 完成任务，你拿到 2.4 万元的总薪酬。现在目标提升了，如果你 100% 完成任务（实际产出比原来的 100% 任务更高），你会拿到 2.8 万元的总薪酬。

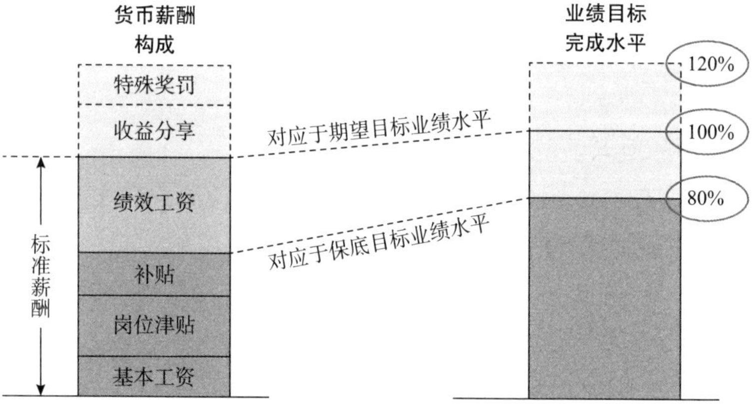

图 10-2　加大绩效工资比重

当然，还需要考虑各个层级和职位序列中浮动绩效薪酬的比重。

	销售业务类	销售支持类	职能服务类	技术研发类	生产管理类
高管层	40:60	50:50	60:40	60:40	50:50
中层管理	50:50	60:40	70:30	70:30	60:40
基层员工	60:40	70:30	80:20	80:20	65:35

图 10-3　浮动绩效薪酬建议比重

（3）从利益冲突走向利益一体化。如果继续升级，就需要考虑将员工的收入回报与公司利益紧密捆绑在一起，这方面有诸多的设计方案。比较有代表性的是万科的事业合伙人制度、永辉超市的门店合伙人制度、海尔的平台创客制度以及华为的利润分享机制等。

比如，万科的事业合伙人制度设计中，项目一线人员可以通过项目层面跟投，将自己的奖金分红或者私人资金投入到公司的项目里，享受项目的最终利润分红。更进一层的是，一部分的事业合伙人还可以参与集团公司的持股计划，享受集团公司的发展红利。

海尔的平台创客制度则更进一步，由集团建立创业平台，将业务的基础设施都搭建好，然后将一个个面向客户的业务单元作为独立运营、自负盈亏的业务单元。业务单元站在集团平台这个巨人的肩膀上进行市场竞争，业务单元全体员工享受最终的利润和分红。

华为则独树一帜，设计了虚拟期权制度，将全体员工都转化为公司的股东，实现全体员工和公司利益的一体化，有力促进了公司的业务成功。

（4）从忽视及时激励走向及时激励。及时激励是一种管理方法，是每一位管理者要学会的，但也是最容易被忽视的激励办法。常用的及时激励办法有以下几种。

- 月度 / 季度 / 年度表彰会奖励：在许多公司里，都有月度或季度的 Top Sales、业绩增长明星或者最佳员工等各式奖励，这些奖励能有效树立标杆，给员工以行为参考。

- 里程碑奖励：针对某一个项目的开发进度，或者攻克一个难关所取得的阶段性成果而做的及时激励，如很多公司对一项革命性产品发布、用户数量达到一个量级，或者销售收入超过一个目标所树立的里程碑奖励。

- 节日奖励：除了国家的节假日庆典，公司还需要在公司周年庆及公司有纪念意义的日期做专项庆祝，与员工一起感受公司企业文化和价值观的传承，此外还有很多公司设置了集体婚礼日或家庭日等，让员工的家庭能与公司产生一定的情感联系。

- 激励基金：一些公司会设立一些符合公司价值观的专项奖励基金，如爱心奖励基金、专项慈善奖励基金等。

- 奖励券：有的公司借鉴了货币形式，设立了奖励券，公司对可以奖励的行为定价，由员工去发掘、发现这些优秀的行为，然后及时送上奖励券，这些奖励券将汇总到公司的 HR 部门进行兑换，兑换可以是物质奖励，也可以是学习机会等。

2. 提供更多权力、成就感及成长机会

（1）授权

海底捞给予一线员工充分的自主权利，如可以直接决定打折、换菜甚至免单。再如，苏州著名的德胜洋楼公司，它建造的美式木结构住宅超过了美国标准。德胜公司员工报销任何费用都不需要领导签字，员工自己填写单子之后到财务处领取钱款即可。在德胜公司看来，费用报销事关个人信用，既然是个人信用问题就应当让员工个人承担。这些公司都是充分授权的典范。这与利用人性的贪婪给予员工更多的权利和成就感，是不相同的，利用人性的贪婪是面向个体的，有选拔机制，是一座独木桥，挤过去才能得到这种机会。而激发人性之善是面向全员的，不需要员工通过竞争来争取这种信任和权利。激发人性之善，并不是无条件的信任和放纵，它要求在公司内部建立一个让员工“不作恶”的环境和管理机制，让员工激发出自动自发、勇于担当的精神，不断自我提升，实现更好的自我。

（2）成就感和成长机会

首先是设计职业通道。企业结合自身发展战略和员工个人成长目标，为内部员工设计职业发展方向、提供职业晋升机会的通道。目前最基本的配置就是在管理通道一条路之外，创造另外一条专业上升通道供员工选择。再将通道进行分类、分序列，如分为营销序列通道、职能序列通道、研发序列通道、技能序列通道等。还要对每个通道设计一定数量的等级，适当拉长职业通道，并允许员工在满足岗位要求的条件下在各个通道之间进行自由转换，使员工有更多的发展空间。职业发展路径图的构建，可以为员工的职业发展起到领航作用，让想跑的人有路可跑，让每位员工在组织内看到自己未来的方向和目标。

其次是学习地图。公司将发展目标、职位规范有机导入对员工的能力素质要求之中，清晰告知员工每个阶段的学习内容、努力方向和目标。从新员工进入公司开始，公司就让员工清楚地了解成长学习发展路径，集中力量提供各种条件和便利资源，创造有利于个人发展的环境和氛围，帮助员工提高自己觉察，激发个人内在动力，促进员工主动要求学习的愿望。

最后是建立个人发展计划（IDP）。制订个人发展计划是员工发展重要的、落地的具体体现。个人发展计划由员工在上级的指导与支持下制定，以一年为一个周期，其间定期（按绩效考核周期）进行跟踪、辅导与反馈。通过制定与实施个人发展计划，达到把员工“扶上马，送一程”的发展要求。

总之，要按照员工与企业同呼吸、共命运的理念，让员工在“能力提升、绩效达成、职业发展”上扮演自主、积极的角色，满足员工个人素质能力的提升和职业发展需求，使企业与员工共同发展，从而实现企业与员工双赢。

彼得·德鲁克说，管理者要做的是激发和释放人本身固有的潜能，创造价值，为他人谋福祉。所以激发人性之善，就是让员工成为更好的自己，并让员工感受到尊重和信任的力量，并发散和传播这种力量。管理要做到激发人性之善，需要把员工当作客户，当作用户来善待。要满足员工这个用户在组织中“成就自我”的需求，成就员工，才真正是对员工好！

▶ 用制度和人心制约人性贪婪

在制约人性贪婪方面，制度和人心要并举。

1. 职务轮换

这是目前在涉及客户和资源的业务部门实施最广泛的制约制度。这个制度主要是为了避免业务人员长期任职后把持客户或经济资源，从而形成抱成一团的小利益群体，进而共谋侵占公司利益。如果经常实施职务轮换，则小利益群体不容易建立，且外界实施贿赂的成本也会变得非常高，从而在源头上控制风险。

此外，职务轮换后，新到任人员为了避免替前任背黑锅也一定会从财务、人事任命等一系列事项上做出自己的调查、核实及调整，如果发现问题也不会替前任隐瞒。基于这点考虑，前任人员也会在做出一些大的贪腐动作前仔细斟酌。

职务轮换一般有制度性轮换和非制度性轮换两类。其中制度性轮换规定，业务负责人如大区总经理等在一地的在职任期最长不超过一个周期（一般是2—3年），到期后必须轮换到异地或异岗就职。有一些公司进行轮换后还有后续的审计稽核跟进。如果轮岗的岗位溢出，则溢出的人员轮岗到集团的组织部或干部培训中心重新打磨。对于非制度性轮换，是指业务本身有重大调整带来的被动轮换，这时公司要特意对一些业务人员做单独的轮岗安排。当然，非制度性轮换，也会带来部分人员轮休学习。

职务轮换实施过程中有三个重要的把控点：首先是工作标准化，流程规范化，要把组织能力建立起来，日常工作不依赖于某个人；其次是要有十足的决心和毅力克服推进中的短期困难；最后是充足的人才储备，不至于因为人才短缺导致业务遭受损失。

2. 审计稽核

定期对公司的各个环节开展审计稽查工作。公司首先要建立一支专业的审计队伍，同时建立一套专业有效的审计体系，其中有以下几个特别重要的注意事项。

（1）审计要获得最高层的授权。拥有独立的组织体系，这一点尤为重要。在万达等企业里，审计体系都是直接向董事长汇报的，而且审计体系的人员在做审计项目时，拥有董事长的最高授权。这些独立的组织体系和授权保证了审计能够站在最高层角度对所有情况进行审计，一针扎到底。

（2）专业能力和对业务的透彻理解。HR 需要帮助公司找到最专业的审计队伍，可以从专业的审计机构、会计师事务所，或者同行的审计机构中猎取人才。然后公司给予这些人员更全面的培养和培训机会，让内审人员到业务一线理解一线信息及行业特点，同时也理解公司内审业务的专业要求和目标。

（3）严密的流程。让最专业的人来做最专业的事，这是基本原则。我们需要基于业务流程来制定相应的内控流程和审计流程，让业务和内审都走在规范的流程上。

（4）信息和技术支持。公司需要建立信息化的系统和工具平台，让业务数据、信息流、资金流等信息在平台上可供内审审计人员获取。这个平台需要跟业务部门的各种系统建立接口，做好互联互通。

（5）钢铁的制度。一旦审计进入流程，就需要严格按照制度办事。无论关系亲疏，或者谁来打招呼，都要做到公平公正，一视同仁。这方面需要从上而下作出表率。

3. 监督举报

公司可以对内开设监督举报的通道。比如，在很多公司里都有公共的内部论坛和交流社区，员工可以匿名或者实名提供举报信息。另外，在公司官网设有向董事长 /CEO 举报等举报通道，鼓励员工勇于揭发不法行为或腐败行为。

面对外部客户或用户，也可以在官网、公司的对外合作文件，甚至公司的名片上提供公司的公开举报监督电话、网址等，让客户 / 用户帮助公司监督前方业务员工是否有违规行为。

根据美国的举报人制度的安排，还有的公司会把举报作为前方业务员工的义务和道德责任，减轻这些员工在面临腐败行为时的行政压力，并对这些行为予以嘉奖，让举报的员工真正受惠于这种制度，同时让大家看到公司对待举报制度的决心和引导方向。

4. 司法合作

当然，终极武器是寻求国家司法的合作。这方面不再展开，很多公司有比较好的实践。这方面最重要的是区分对待，区分恶意触碰底线和无知触犯底线。对于恶意触碰底线的行为要杀一儆百，以儆效尤。但对于无知触犯底线的行为，要做好教育培训和过程规避。

11 无边界，未来的趋势

理论上，未来是不可预测的。

哲学家罗素（Bertrand Russell）曾经讲过一个著名的火鸡的故事。一个农场里的火鸡，发现每天早上9点农场主都会过来给它喂食。不论晴天阴天，刮风下雨，下雪冰雹，喂食都非常有规律。火鸡通过一段时间的观察后得出一个结论：农场主总是会在9点给我喂食。直到感恩节的前一天，火鸡等来的却是农场主的宰杀。

这个故事是对线性思维的讽刺，也是对我们的警醒，我们不能以线性思维去预测未来。

但是未来也不是无章可循。我们依然可以通过抽丝剥茧找到事物运转的底层逻辑，运用概率论的方法去模拟未来的一些趋势。那么，什么是我们寻找的底层逻辑？

这里我想借用一些生命科学的知识。我们把社会看作一个生命有机体，而企业组织就有如生命体中的细胞。细胞会新生，会分裂，也会消亡。生命体是个复杂系统，我们很难知道哪两个细胞碰到一起交流了哪些基因的信息，产生了什么样的化学反应，最终会导致生命体发生哪些变化。但是如果我们知晓了生物进化的原理，知晓了基因的秘密，我们或许就可以推算出生命演绎的方向。而大家都知道，生命体进化最重要的影响因素就是环境。

所以我们沿用这样一个逻辑：依据环境的未来变化趋势，去推算企业组织如何调整自身适应环境，实现自我进化。这就是我们分析的逻辑。

未来总的趋势是走向无边界。

我们先回忆一下，边界为什么产生？

在远古时期，人类为维持生存进行的工作主要是捕鱼摸虾、捡拾柴火之类的。人与人之间不太需要分工协作或协作程度很浅。随着部落群体人数增加，生存压力加大，需要围猎更大型的动物如野牛等来维持生存，另外也需要修建家舍，建立部落的围墙抵御野兽的攻击。这些较复杂的任务就需要组织一群人协作完成。在协作的过程中，部落群体里开始有了领头人和普通人的层级，群体从纵向上完成权力分层。为了提升效率，开始有人专门负责围赶野兽，有人专门负责射箭投矛，有人专门负责宰杀肢解……群体里慢慢开始从横向上完成职能分工。另外，随着专业能力提升，部落群体的活动半径在扩大，部落和部落之间产生联系。由于部落之间擅长的不同，需求也不同，部落间产生取长补短、互通有无的需求，进一步导致各个部落专注发挥自己所长，开始与其他部落完成产业链上的初步协作。

因此可以说，社会边界的产生来自分工和协作。而正因为分工和协作，极大地提升了劳动生产率，丰富了工作的内容内涵，进而扩大了组织群体的规模，为人类的繁荣和进步带来深远影响。

然而，物极必反。分工越来越细，边界越来越多，带来了严重的信息不对称，而且降低了系统的灵活度，压抑了创新。这成为当今组织边界需要解决的棘手问题。随着互联网信息技术的发展，互联网的开放性和 Always Online（一直在线）让打破边界成为可能。请注意，这里的打破边界不是无约束或无组织的无边界，而是穿透边界，让信息和要素自由流通。无边界大致要走过几个不同阶段。

纵向无边界：层级扁平化，层级垂直渗透，重新整合

一个世纪前，德国社会管理大师马克斯·韦伯（Max Weber）提出了科层制理论。这套管理体系历经几十年并在 20 世纪末走向巅峰。马克斯·韦伯对自己提出的科层制十分“溺爱”，曾说科层制是一种近乎完美的组织形态，几乎适用于未来整个人类发展需要。

基于韦伯的管理理论，英国管理学家厄威克（F. Urwick）还提出了著名的管理幅度理论：每一个上级领导人直接领导的下级不超过 6 人。这个管理理论在几十年前还十分盛行，大量公司的组织架构设计都依据这个原则，但是近些年很少有人再提起这个理论。

▶ 科层制阻塞信息，遏制创新

有句话叫“形势赶不上变化”。在如今信息爆炸、变化加剧的

时代，科层制出现了一些问题需要修复。

1. 科层制阻塞了信息在内部的传递效率

在市场经济下，一家公司的决策流程一般是：先从市场收集消费者需求，通过组织内部层级层层传递信息到公司决策层，公司决策层基于层层过滤后的信息做出决策，然后生产出产品推向市场并交到消费者手里。在这个流程里，信息传递的及时性及信息传递的准确度是非常关键的，否则决策层的决策跟消费者的需求就是南辕北辙了。而在当今社会，变化以前所未有的速度出现，用户与信息交流呈现指数级别增长。这意味着消费者的认知和需求也会发生快速变化，甚至瞬时变化。

（1）信息滞后。当消费者需求本月刚被调研出来，也许下个月消费者就已改变需求了，但之前被调研出的需求信息依然在科层制里层层传递到决策层的路程中。信息滞后于需求将导致决策方向错误。

（2）信息损耗。有个知名理论叫沟通漏斗。这个理论提到，即使你已完整清晰而准确地将一件事情表述给他人，哪怕只是传递了一层，信息就已经被过滤或误解了至少 20%。当传递的层级越多，信息过滤越多，传递到接收端的有效信息就越少。这意味着当信息传递到第五层的时候，在理论上已经被 100% 误解了，这还是在假设每一层信息传递都是完整清晰而准确的基础上。

科层制的中间层级越多，信息传递的误差将越大。假如决策层据此做出决策，生产出不符合消费者需求的产品，那才是公司的一场灾难。

2. 科层制对创新的扼杀

按照马克斯·韦伯的设计，科层制是一种“稳定、严密、有效、精确”的管理体系。在这种体系里，高层人员、中层人员和基层人员各司其职，按照严密分工进行协作。高层人员负责战略和策略，往往对创新持欢迎态度。而中层人员的职责是保证战略分解，将战略目标分解为任务，组织和督促下属完成目标。一般意义上，中层有维持现实利益最大化、规避风险的冲动。而凯文·凯利在《失控》中说过，创新来自于边缘。创新在初期往往意味着对公司现实模式和利益的损害和颠覆。在创新初期，看不清、看不懂会转变为看不惯，为了维持现实利益，中层会本能地排斥看不清、看不懂、看不惯的创新，从而可能将创新扼杀在摇篮。

▶ 一些修复漏洞的思路

随着企业规模的扩大，科层制的层级将越来越多，问题越来越严重，如何解决？

一种解决思路是层级扁平化及去管理化。直接举个例子，有家公司原来从上而下有 9 层管理层级：CEO、COO（首席运营官）、VP 级、部门总经理级、总监级、经理级、主管级、员工级、助理级。为了便于业务指导、细化管理职责，管理流程上严格按照级别层层汇报，层层管理。员工汇报给主管，主管汇报给经理，经理汇报给总监。扁平化的思路是，基于业务分析诊断，将管理关系直接简化为 4 层：决策层（CEO/COO）、高层（VP/ 部门总经理）、中层（总监 / 经理 / 主管）、基层（员工 / 助理）。

要实现简化，首先要将业务和行政管理关系分离，建立一切以业务为导向的组织分工工作模式。在同一个管理层级里，不同职级的员工不必一定存在管理上的汇报关系，而是基于业务目标分工来协作。一项业务到来，承接此业务的不同职级的各部门员工坐在一起，自动组织好分工，此时管理关系被弱化，员工的自主性被提升，沟通变得无界和通畅。员工之间不再有沟通壁垒和管理动作，极大提升组织灵活度。

另一种解决思路是做层级穿透。所谓层级穿透也就是在某些核心能力领域建立一竿子捅到底的机制。比如，现在很多互联网公司或者电商公司都会设立用户体验委员会之类的机构，从 CEO 到与用户体验息息相关的一线员工都被拉入这个机构中，甚至有时会邀请用户一并参与。再比如，亚马逊公司创始人贝佐斯（Jeff Bezos）向全体顾客公布了他的个人邮箱，顾客有任何问题都可以向这个邮箱发送邮件，他会亲自阅读并处理顾客发来的投诉建议，直接转给相关业务负责人并敦促尽快解决。这个邮箱通道使得顾客的声音能真正直达决策层。

总之，层级穿透的机构以明确的目标（大部分是面向外部目标，如顾客满意度，也可能是内部目标，如安全委员会等）作为指引，较好解决了内部组织目标与外部目标不一致的问题，在公司高层和一线员工、公司内和公司外搭起一座长桥，桥梁连接了所有人，沟通你我，互通有无。层级穿透作为扁平化的补充起到了“1+1>3”的作用。

未来随着基础设施的成熟，组织与个体的成熟以及信息沟通逐步达到充分沟通临界点，更极致的扁平化和垂直渗透也许会走向成熟。

而当前，要实现以上思路还需要几点条件。

（1）拥有理想、自驱力强大的高素质员工。每个人都为了实现人生价值，达到理想目标而自驱，都是为了把事做好而不仅仅是完成 KPI，或者为领导而奋斗。当每个人都是发动机，每个人都是活火山时，管理就可能达到无为而治。

（2）更科学的激励。包括对有使命感、具备自驱行为的员工的激励，关注长期目标，基于目标导向，创造及时利益分享的机制。

（3）更开放的文化。公司文化开放互补、包容错误。

（4）信息沟通手段和工具。具备随时随地、上下相依、内外相通的信息沟通方式。

横向无边界：共同目标下的协作

▶ 分工细化导致协作困难，组织僵化

说到分工，不得不提经济学泰斗《国富论》作者亚当·斯密。亚当·斯密在《国富论》的开头就以制针业来说明分工的重要性：如果工人们各自独立工作，不专习一种特殊业务，那么他们不论是谁，绝对不能一天制造 20 枚针，说不定一天连一枚也制造不出来。而适当分工合作制成的针的数量却能轻松达到 4800 枚。分工

促进了劳动生产率的极大提升，也对组织职能提出了更高的要求。不同技能特长的工人，为了合作完成一件生产任务而聚集为不同职能。大家互相交流，专业进化，并互相寻找安全感。但是随着业务复杂度增加，职能之间的问题接踵而来。

1. 共同目标不一

先讲个故事。万维钢老师曾经在他的文章里描述了一个实验。几个美国研究者以做调查为名招募了若干受试者，并在调查结束的时候发给每位受试者 5 美元作为报酬。不过研究者的真正目的是做一个决策实验。这个实验的机关在于，随着 5 美元一同发到受试者手里的还有一封呼吁给非洲儿童捐款的募捐信，而这封信有两个版本。

第一个版本列举了一些翔实的统计数字：马拉维有 300 多万儿童面临食物短缺；安哥拉三分之二的人口，也就是 400 多万人被迫远离家园；等等。

第二个版本是说你的全部捐款会给一个叫罗基娅（Rokia）的七岁女孩。她生活在马里，家里很穷，时常挨饿，你的钱会让她的生活更好一点，也许她能获得更好的教育和卫生条件。

收到第一个版本募捐信的人平均捐了 1.14 美元，而收到第二个版本募捐信的人平均捐了 2.38 美元。

人是活在一个具体的世界里的。这个世界从人类开始进化的那一刻开始就存在，而人类理解这个世界的方式是用自己的感觉去感受，人是感性的动物。

《人类简史》也讲过，在人类进化过程中，为了让有限的大脑容量储存最关键信息，大脑同时能容纳的人际关系上限是 150 人，超出 150 人的就会被遗忘或删除。这意味着从本能来看，人只会更关注身边和眼前的具体事物。

回到共同目标与职能目标本身，员工最关注的是职能内的目标和 KPI。当总目标与职能目标不一致，或者不同职能之间的目标差异非常大时，本位主义和误解隔阂就接踵而来。

2. 组织僵化，反应迟钝

当组织职能越来越细化，隔离墙越来越多，信息隔绝越来越严重，当来自顾客的声音在呼唤公司提供更加物美价廉、愉悦人心的产品的时候，公司内部各职能之间合作的难度甚至大于职能求助公司外的资源合作，这时应对内部协作请求的最现实策略就是原地不动，组织僵化由此而生。

▶ 解决横向协作问题的三种思路

可以说目标不一致是横向边界之间产生壁垒的底层原因，因此在思考未来如何做之前，一个必要的前提是解决目标不一致的问题。对于未来横向边界之间的发展趋势，我们可以朝着三个方面思考。

1. 以外部视角重组内部职能

彼得·德鲁克提出过："企业的唯一目的就是创造顾客。"这意味着我们必须随时随地把顾客需求摆在公司发展的第一位来考虑。那么从顾客的视角来看公司内部，就是一种由外向内的视角。再举个例子。在公司内部一般意义上都是以产品或者职能来设计组织架构。比如，一家集团会按照产品划分手机事业部、周边设备事业部、家用电器事业部、电子商务事业部等。另一家公司按照职能划分为原材料供应链部门、生产制造部门、仓储物流部门、市场品牌部门、营销网络部门、客户服务部门等。但是从顾客的视角，顾客并不关注公司的内部分工，顾客需要的除了产品之外，还有用户体验。用户体验是一种综合感受，也许你的产品硬件做得很好，但软件和界面很混乱让用户很迷茫，或者产品各方面都很好，但是物流很差劲耽误了一个月才送给客户，或者到货时包装残破，安装体验很糟糕，又或许是客户有一些问题反馈却被蹩脚的客服给怼怒了。任何一个环节的问题都可能对用户体验产生致命影响。

这时候需要站在顾客视角，仔细分析用户体验中的每一个细节，并将影响此细节的内部各项职能及员工都纳入一个组织之中。这种组织可以是一个虚拟组织如用户体验委员会，也可以是一个真正的用户体验中心。基于这个内部流程重构的组织与用户取得一致，解决用户问题。

2. 以核心流程重组内部协作

目前，组织都是按职能模块切割设计的，每个职能都有自己分解的目标和职责。可能产生的问题是，每一片雪花都很完美的时候，不一定能堆成一个雪人。还是举例来讲明白。在互联网公司，做用户产品有一个根本的目标是实现用户增长。在职能清晰的情况下，有的部门的职责是实现拉新，也就是引入更多新用户；有的负责拉新留存，也就是新用户进来之后一段时间如从次日到更长时间还会不会来；有的负责用户活跃，也就是如何让留下来的用户每天为产品做一些贡献；也有的负责活跃留存，也就是如何让活跃用户流失率降到最低。这些不同的职能分散在渠道、BD、产品运营、用户运营、内容运营、商业运营、产品、设计、数据、开发等各个职能里。在这种情况下，职能互相之间的目标和做法有可能是冲突的。比如，片面追求拉新数很可能会给后续的活跃留存带来负面影响，最终带来的是职能互相之间的指责和推诿。

如果按核心流程重组，可能的解决方案是直接将以上部门涉及用户增长的职能抽取出来，重组一个用户增长部门。大家的共同目标是整体用户增长，据此反向梳理目标和流程，保证整体最优效率实现增长。

3. 以模块化和贸易机制交换共赢

即使实现以外部视角和核心流程重组内部职能，依然无法很好地调动职能的内在动力实现充分和最优协作。因为各个职能都是被动的。借助市场经济的思想，一种新的机制被期待。目前组织的设计趋势朝着平台化、模块化的道路演进，方便在快速变化的环境中实现即插即用，而且公开的“价格”机制正在形成，使得职能和职能之间自动为了价值最大化而组合在一起，或者分离。

我们可能需要同时从上面的三个方向去努力，既需要有外部视角由外而内，也需要按照核心流程重构，利用模块化和市场机制来帮助职能之间的设计达到最优。

产业链无边界：价值链上下游协作

如今社会分工复杂，一件产品可能是无数国家地区、无数人共同配合完成的结晶。可以说，产品的竞争实际上是供应链的竞争。随着产业链的增加，公司与上下游之间的其他公司，既是合作的共同体，同时为了各自的利益最大化，又是竞争伙伴。组织的边界有如一道水帘洞的瀑布，将上下游之间的信息、能力、利益隔离开。当产业链整体利益向好的时候，边界的瀑布有如夏日的清凉水雾，给大家带来清凉和舒适。相反地，当产业整体利益下滑的时候，边界的瀑布有如冬日的冻雨，将大家冰冷的身躯浇得透心凉。

在产业链上实现组织边界的再造，最根本的基础是利益。基于利益最大化的目标，组织边界正朝着三个方向演进。

▶ 产业链上实现闭环，产业链对内部打开边界

基于共同发展的目的，整个产业链对内部参与者进行保护，而对外部竞争供应商本能地排斥。对外部的排斥情有可原，这就像生命体对外来物的排斥反应一样，是基因对生命体的一种保护，长远以来，保证了生命体基因的稳定和免受外界病毒侵害。而对于产业链内部的参与者，大家会按照各自的特长进行分工调整，

对于自己不擅长而产业链上的供应商都能解决得更好，或者自己解决的成本收益远不如外包给供应商等的时候，边界会就此打开。

举个 HR 自己的例子更容易理解一些。现在很多人事外包供应商开始与公司深度合作，从最初仅仅代理公司的社保公积金事务到接入其他服务代理，随后逐渐拥有了中低端人才数据库，在中低端人才猎取的成本上有了独特优势。因此许多公司开始把低端人才猎取外包给人事外包伙伴，公司撤出低端人才寻访的职能，仅仅保留与供应商的接口联络人。这些合作一旦开始就会形成闭环，双方建立的信任感，人事外包代理公司人才库中低端人才与公司的契合度等都给人事外包代理公司带来了“护城河”，让这个产业链上的其他竞争对手很难再跨进来。

▶ 联盟共享，联盟内部利益分享

联盟这种组织形态自远古以来就一直存在，它很好地解决了一个组织与社会其他组织的软边界问题。在这种联盟合作机制下，公司互相之间保持独立和边界完整，但是在虚拟目标上保持一致。就如同一个人和其他一群人手拉手站在一个场地里，人与人都是独立的，但是信息和电流会流过每个人的身体，人与人通过信息和电流等产生了共识交流，边界被软性打破了。只是不同于产业链上的紧密结合，联盟在很多状态下都是较为松散的，具备软约束、软边界的特点。

正如武林界产生的华山派、少林派、武当派等，大家为了共同的师祖或者共同的信仰聚集在门派的大旗下，形成事实上的联盟，抱团取暖，共享利益。门派对于个体来说是一个虚拟标志，一个把自己区别于其他人的标签，一个可以把大家随时调动起来互助的理由。联盟平时并不对大家有刚性的要求，对组织边界不直接管制，这就给这种模式带来了无尽的优势。未来，联盟还将是一种非常重要的形式。

▶ 平台共享，平台内基础设施共享

除非产业链或联盟内部实现平衡发展，否则必然带来的是巨头出现，而巨头的诉求会走向平台化。平台化是未来组织进化的一种中间状态，在这种状态下，平台方负责提供基础设施，其他组织直接在此基础上创造发展。平台对于其他合作组织来说，互相之间的地位有了新的定义。

这类似科技园。平台企业有如科技园，修路搭桥，提供水电入户，其他企业拎包入住，享受科技园平台提供的便捷共享服务，专心做自己的特长业务。平台共享继续发展下去，将会进入组织进化的下一个状态：生态系统。

生态无边界：生态型组织系统

劫劫长存，生生不息。世界自从有了生命体存在，万事万物就有了永恒的进化生命力。组织的进化，无边界组织的开始，我

们从生态系统讲起。

▶ 生态系统的核心是去中心化

生态型组织是去中心化的，能够支持分布式决策，当外界环境发生变化时，会迅速做出反应，虽然不一定每次都正确，但整个组织可以从失败中学习，从而变得更加坚韧。

1. 去中心化的小团队

大家都知道，在生命系统里，每一个生命都有独立的大脑，对自己的生命和基因延续有独立的决策权力，而且会随时根据实际情况做调整，最终进化出最适应环境的生命个体。这要远比一个复杂系统更加智能。社会形态也一样，市场经济赋予每一个企业和个人以充分的自主决策权力，每个人根据自己的情况做出最佳决策，整个社会的灵活度和生命力无限增强。

从社会演化趋势上看，企业进化的未来也是走向“小团队”，每一个小团队有着相对独立的决策系统和资源能力。小团队之间互相连接，组成了更大的团队。如果人的基因不改变，根据英国牛津大学邓巴教授（Robin Dunbar）提出的邓巴定律，人类智力将允许其拥有稳定社交网络的人数是 148 人，四舍五入大约是 150 人。那么，小团队的上限最好是 150 人。当然这也因人而异，个别团队可能略大于 150 人时会达到最佳状态。在这样的沟通网络中，团队的摩擦风阻最小，团队协作的效果最好，工作效率最佳。

2. 信任和自主决策权

除了沟通和社交上的协作效率，小团队还解决了信任问题和自主决策权问题。因为团队规模小，每个人都能清晰地知晓其他人员的详细情况、工作状态和业绩成果。而且，人与人之间也就有充分的机会互相沟通交流，彼此交换想法，从而让大家形成互信。团队的愿景、使命、价值观更容易被大家接受和执行，大家在方向、理念、价值观上，以及在实际的行为层面都是统一的。而小团队和小团队之间也一样，开放式的接口使得小团队和小团队之间也会有更强的互信存在。信任使得组织应对变化的韧性很强，大家很容易同心协力拧成一股绳共同对抗组织的困难。客户 / 用户的新变化也能更好地传递到组织从而使组织更及时地做出应对。恰当的团队规模能做到应对管理信息不对称上的最高效，以及应对困难打击的能力的最佳平衡。

另外，团队能自主决策团队成员的进和出，也可以决定如何合理分配利益。这在现在的企业组织架构下是比较难处理的。现在的组织架构基本上沿用的是金字塔形架构，塔尖的最上层是整个大脑，决定了整个企业的一切资源、信息的流动。中层和下层负责整个决策的执行落地。这种架构的好处是执行效率很高，但是问题也很大，这点我们之前阐述过。而未来的小团队拥有所有资源、信息、人才的自主决策权并与大团队进行接口结算。

这也就意味着现代企业可能不复存在，取而代之的是一个个价值和利益的共同体。每个共同体之间互相连接，互相产生反应并各取所需，类似区块链的技术。组织转型，所谓的部门墙被彻底拆掉并按照共同体重新组合。具体来说，就是社会上只存在形形色色的业务小团队。所有支援业务的其他职能都变成像水电一样的资源。资源就像可调用的数据库一样，开放 API（应用程序接口）供业务使用并交易。

总而言之，去中心化让每个人能应对飞速的环境变化去探索，如果探索的效果很好，马上可以调整跟进，反之则迅速调整方向和团队，重新组合东山再起。可能单次决策上并没有提高成功率，甚至成功率会下降，但是大大降低了失败的成本，长期看会发现整体效率最高。

▶ 生态系统的一切均自适应演化

去中心化带来团队生产力的极大解放。每个团队未来只需要建立面向用户和客户的业务端团队，保留极少数的职能和支持部门。绝大部分的职能和支持的服务可从社会中及时获取。按照服务交易的公允价格，每个团队向对方支付本次服务的价值。

1. 升级改进的阿米巴虫

日本的稻盛和夫创立了阿米巴企业经营模式。在阿米巴的模式中，企业的每个团队都作为独立核算部门，与其他团队的服务进行交易结算。即使是职能部门对内提供的服务也都是要定价的。比如，HR 为业务部门招聘的每一个人、发放的每一笔工资，PR 部门为公司提供的 PR 宣传、公关和危机保护工作，都需要将成本分摊到使用这些服务的部门。这样促使每个团队的工作对于其他团队都是有价值的，否则没有人会来购买你的服务。整个企业根除了无效的工作存在，极大提升效率，降低成本。但是阿米巴目前走得太超前，而且有很高的前提条件，如需要有稻盛和夫这样高超的企业家把控，并建立起强有力的企业文化支持才可能推行。因此暂时还不算是一个十分适用目前状态的模式。而且阿米巴是封闭的，职能部门的服务只是对内，并不面对市场，因此存在很大的局限性。但是我们可以想象，未来整个社会的每个组织都变成独立的阿米巴虫，那将是未来的组织形态模式。

这种模式超越了现在的投资模式。现在的投资模式实现了权力和资源的分离，变得十分灵活自主。但是在投资模式中，资本和管理层及员工的关系是不对等的。在大部分情况下资本为王，资本处于控制地位，并能随时让管理层出局。管理层变成资本的打工者，而不是我们讲的“自己的主人”。虽然极少数强悍的创始人能牢牢把控制权掌握在自己手里，但那也是少数。总的来说，双方这种关系是不稳固的。

2. 组织为直接撮合的服务而生

当每个团队都拥有独立大脑，就可以面对市场环境的急速变化，做出团队人员、规模以及合作形式的及时调整。比如，未来每个人的需求变得极其个性化而且多变，但是又对成本有极高的要求，这就需要有团队能针对用户的个性化需求提供极致服务，而且可以针对快速变化及时调整自己的团队和服务。正像现在的出行，每个人都是把自己的个人信息交给滴滴这样的公司中介去撮合服务，滴滴为我们寻找合适的司机或车辆，每个人贡献了个人信息，得到了一小部分的利益，滴滴获取了大部分的利益，因此个性化的需求虽然得到满足，但是价格不菲。未来的可能性是，通过去中心化、去中介化，个人的信息都属于个人，信息直接通过数据撮合服务，每个司机直接向附近的个人提供服务即可。在这样的环境下，各种组织自我演化，从而同时满足个性化和服务价格的需求。

这与现在的公司组织形态不同。现在的公司组织实体的存在会限制我们与外部公司的合作形式。任何收购、战略合作、联盟等公司之间的合作都面临十分复杂且耗时的调整。但是未来，每个团队都是为解决一项需求而生，以需求改变而改变，需求消亡而消失。因此可以说，未来每个团队都拥有自适应环境的自主权，能针对环境自我演化。这越来越像生命体，随着环境的变化，生命体通过基因的结合、演变、进化而成为新的个体，每个生命都更加适应环境的存在，但又是环境中的一个不可或缺的个体。

▶ 生态系统依赖透明的治理环境

1. 理念统一，信息透明

首先要做的是内部的透明：组织成员必须在理念、价值观和方向上取得一致，而且公开透明要作为核心价值观推行下去。除了正常的宣传宣导和日常传达之外，很多公司还会把这些都写入公司管理机制之中，如字节跳动公司全员推广 OKR，将公司的所有战略、公司 CEO 到每个管理层的 OKR 全部公开上网，公司内部任何人都可以查询到相关信息，这样每个人都对公司的战略很了解，也知道每个项目进展到哪一步，不至于出现内部重复造车轮的情况。更进一步地，海底捞还将公司的价值观和理念贯彻到每一位员工的日常行为之中，让每位员工从服务顾客的过程中体验到公司的价值观和理念。

如果一切公开透明，每个团队都能自主决定，那些帮助所有的团队制定公开市场规则的治理层将会抽身出来，更多关注长期的利益以及整个市场上的运营规则是否合理，生态环境是否健康，避免市场朝着更坏的方向下坠。治理层是整个组织的润滑剂和赋能发动机，直到未来市场自运转。

更进一步的是要让公开的信息无障碍地触达每一位团队决策者，让每一个团队得到充分的信息。这样，大家在决策的时候才能互相协作而不是互相倾轧。信息不是组织的核心竞争力，公开透明能让组织变得更强大甚至无懈可击，同时赢得同行和客户的尊敬和信任。要做到这一点，我们期待未来的社会组织是去中心化的，现在的区块链技术是其中可以借鉴的技术之一。

2. 个人拥有自己信息的所有权

从终极意义上，要创造一个去中心化的信息透明的环境，就需要借鉴类似区块链的工具来实现。我们想象一下如下场景。

区块链技术提供了一个账本，账本一方面记录了我们每个人的个人信息并且以公钥的形式存储在网上。这些信息经历了网上其他计算机的见证因而不能随意被修改。个人则拥有这些个人信息的类似私钥的东西。只有当个人的私钥和网上的公钥配合才能使用个人的完整信息，也就是说每个人对自己的信息有所有权。账本另一方面记录了“我在哪，想去哪”的请求，而且会记录个人过去一段时间的出行旅游等信息。之后区块链将这些信息与另一端的司机的信息和服务记录的账本进行直接撮合。这样的场景下，所有的信息都是公开透明的，不同的是，个人拥有自己信息的所有权，从而在根本上改变了游戏规则。

每个组织，每个个人，通过去中心化的分布式工具，实现了信息和服务的最有效的结合，前提是信息都是公开透明的。

展望未来，组织可能并不是以固定的公司形式存在。组织可能如水，既有形又无形，能够与一切外在环境和形态相互融合。不变的恰恰是人的本性。

图书在版编目 (CIP) 数据

从 HRBP 走向 HRD：HR 如何像 CEO 一样思考？ / 卢志明著 .
—北京：中国法制出版社，2021.4

ISBN 978-7-5216-1581-4

Ⅰ . ①从…　Ⅱ . ①卢…　Ⅲ . ①人力资源管理　Ⅳ . ① F243

中国版本图书馆 CIP 数据核字（2021）第 018058 号

策划编辑：潘孝莉
责任编辑：马春芳　　封面设计：汪要军

从HRBP走向HRD：HR如何像CEO一样思考？

CONG HRBP ZOUXIANG HRD: HR RUHE XIANG CEO YIYANG SIKAO？

著者 / 卢志明

经销 / 新华书店

印刷 / 三河市紫恒印装有限公司

开本 / 880 毫米 ×1230 毫米　32 开　　印张 / 9.75　字数 / 201 千

版次 / 2021 年 4 月第 1 版　　2021 年 4 月第 1 次印刷

中国法制出版社出版

书号 ISBN 978-7-5216-1581-4　　定价：69.00 元

北京西单横二条 2 号　邮政编码 100031　　传真：010-66031119

网址：http://www.zgfzs.com　　**编辑部电话：010-66073673**

市场营销部电话：010-66033393　　**邮购部电话：010-66033288**

（如有印装质量问题，请与本社印务部联系调换。电话：010-66032926）